기둥영어는 특별합니다.

하루에 한 스텝씩

꾸준히 공부하면
쉽게 영어를 정복할 수 있습니다.

최파비아
기둥영어 1

최파비아 기둥영어 1

1판 1쇄 인쇄 2020. 12. 15.
1판 1쇄 발행 2020. 12. 28.

지은이 최파비아
도 움 최경 (Steve Choi)
디자인 Frank Lohmoeller (www.zero-squared.net)

발행인 고세규
발행처 김영사
등록 1979년 5월 17일(제406-2003-036호)
주소 경기도 파주시 문발로 197(문발동) 우편번호 10881
전화 마케팅부 031)955-3100, 편집부 031)955-3200 | 팩스 031)955-3111

값은 뒤표지에 있습니다.
ISBN 978-89-349-9138-0 14740
       978-89-349-9137-3 (세트)

홈페이지 www.gimmyoung.com   블로그 blog.naver.com/gybook
페이스북 facebook.com/gybooks   이메일 bestbook@gimmyoung.com

좋은 독자가 좋은 책을 만듭니다.
김영사는 독자 여러분의 의견에 항상 귀 기울이고 있습니다.

최파비아 기둥영어

영어공부를 재발명합니다

1번 명령 기둥
2번 CAN 기둥
3번 WILL 기둥

1

최파비아 지음

감영사

기둥 구조로
영어를 바라보는 순간
영어는 상상 이상으로
쉬워집니다.

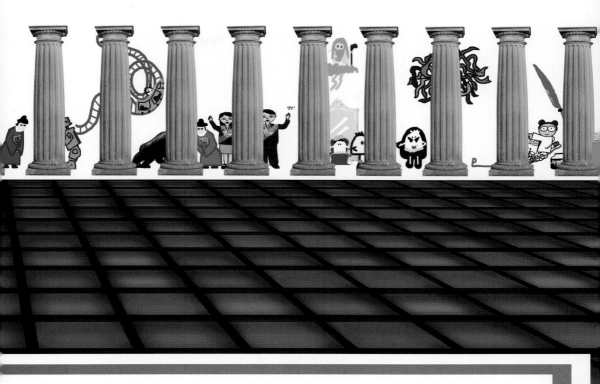

영어의 모든~ 말은 아무리 복잡해 보여도 다 이 19개의 기둥들로 이루어져 있습니다.
더 좋은 소식은, 19개 모두 한 가지 똑같은 틀로 움직인다는 거죠. 영어가 엄청 쉬워지는 겁니다.
지금까지 영어 정복은 끝이 없는 것처럼 보였을 텐데요. 19개의 기둥을 토대로 익히면 영어 공부에 끝이 보이기 시작할 겁니다.

한국인처럼 영어를 열심히 공부하는 사람은 없습니다.
왜 우리는 지금까지 "영어는 기둥이다"라는 말을 못 들어봤을까요?

기둥영어는 세 가지 특이한 배경의 조합에서 발견됐습니다.
첫 번째는 클래식 음악 작곡 전공입니다.
두 번째는 열다섯 살에 떠난 영국 유학입니다.
마지막으로 세 번째는 20대에 단기간으로 떠난 독일 유학입니다.

영국에서 영어만 쓸 때는 언어를 배우고 익히는 방법을 따로 고민하지 않았습니다.
영어의 장벽을 넘어선 후 같은 서양의 언어인 독일어를 배우며 비로소 영어를 새로운 시각
으로 바라볼 수 있었습니다. 클래식 음악 지식을 배경으로 언어와 음악을 자연스레 비교하
자 영어의 구조가 확실히 드러났으며, 그러던 중 단순하면서도 확실한 영어공부법을 발견하
게 되었습니다.
'기둥영어'는 이 세 가지의 특이한 조합에서 탄생한 새롭고 특별한 공부법임에 틀림없습니다.

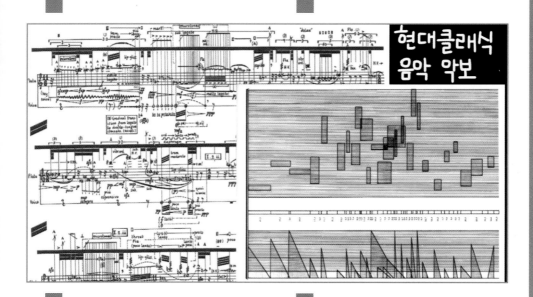

현대클래식
음악 악보

서양의 건축물을 보면 기둥이 있습니다. 서양인들은 건축뿐만 아니라 음악도 소리를 기둥처럼 쌓아서 만들었습니다. 건축이나 음악과 마찬가지로 영어도 기둥을 세우는 구조로 만들어져 있습니다. 영어의 기둥 구조는 건축과 음악처럼 단순합니다. 구조의 기본 법칙과 논리만 알면 초등학생도 복잡하고 어렵게 느끼는 영어를 아주 쉽게 자신의 것으로 만들 수 있습니다.

지금까지 우리가 알던 영어공부법은 처음에는 쉽지만 수준이 올라갈수록 어려워집니다. 이 기둥영어는 문법을 몰라도 끝까지 영어를 쉽게 배울 수 있습니다.

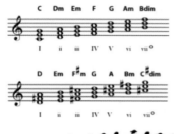

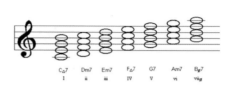

앱과 온라인 기반의 영어공부법이 우후죽순으로 나오고 너도나도 교재를 출간하는 등 영어 학습 시장은 포화 상태입니다. '기둥영어'는 왜 과열된 학습 시장에 뛰어들었을까요?

시장에 나와 있는 모든 영어공부법을 철저히 분석해봤습니다.

결론은 한국인은 영어공부를 너무 오랫동안 한다는 사실입니다.
죽어라 공부해야 결국 일상회화나 할 정도가 됩니다.
고급 영어는 아예 쳐다도 못 봅니다.
다시 말해 외국어 교육법으로는 형편없습니다.

유학생이 영어를 익힌 후 생활 속에서 자연스레 영어를 쓰듯, 국내에서 공부해도 유학생처럼 되는 영어공부법을 재발명할 필요가 있습니다. 그래서 영어공부법을 재발명했으며, 이것이 바로 기둥영어입니다. 더구나 이 방법은 사람들의 기대를 완전히 뛰어넘는 영어공부의 혁명입니다.

한국인은 전 세계에서 5위 안에 들 정도로 똑똑합니다.
이렇게 똑똑한 사람들은 시스템이나 구조보다 위에 있어야지, 그것들에 종속되어서는 안 됩니다. 우리는 중학교-고등학교-대학교까지 잘못된 영어 시스템에 종속되어 왔습니다. 심지어 유치원-초등학교까지 이 시스템에 종속되려고 합니다. 학교 영어교육 시스템에서 벗어나 사회로 나오면 또 돈을 들여 영어공부를 다시 시작합니다. 10년 아니 20년이 넘는 시간과 자신의 재능을 낭비하는 것입니다.

10대부터 60대까지 모든 연령대의 학생들을 가르치며 확신한 것이 하나 있습니다.
"우리는 이렇게까지 영어를 오랫동안 힘들게 할 필요가 없다."
이 바쁜 시대에 영어공부법은 쉽고 정확하고 빨라야 합니다. 빨리 영어를 도구로 삼아 더 큰 목표에 집중해야 합니다.
기둥영어는 영어라는 언어를 처음으로 우리에게 이해시켜줍니다.
쉬워서 모든 사람이 배울 수 있고, 정확한 분석으로 영어공부에 쉽게 적용할 수 있으며, 회화만이 아닌 모든 영역에 빠르게 생활화할 수 있습니다.
기둥영어가 여러분의 영어공부에 새로운 빛이 되어줄 것이라 확신합니다. 책을 통해 이 교육법을 모두와 공유합니다.

원어민 선생님과 바로 스피킹하는 기존 방식은 '맨땅에 헤딩'하기와 같습니다.

원어민은 태어나 한 번도 영어 스피킹을 배운 적이 없습니다. 우리가 한국어를 자연스럽게 터득한 것처럼 그들도 마찬가지입니다.

원어민 선생님은 그저 우리와 대화하면서 틀린 것을 고쳐주거나, 필요한 문장을 반복해서 외우라고 말합니다.

세상에 말이 얼마나 많은데 일일이 어떻게 다 외웁니까?
그렇게 외우다가는 끝이 없습니다. 고급 영어는 꿈도 못 꿉니다. 결국 포기하게 될지도 모릅니다.

즉석에서 문장을 만들어내며 나의 메시지를 전달할 줄 알아야 외국어 공부로부터 자유로워집니다.

유학을 갔다 오든, 한국에 있든, 영어를 잘하려면 영어의 큰 구조를 알아야 합니다. 그래야 영어 실력도 올리고 고급 영어까지 구사할 수 있게 됩니다.

지금도 초등학교에서는 영어 문장 고작 몇 개를 반복해서 말하며 익히는 것에 한 학기를 소비합니다.

그러다 중학교부터 시험에 들어가면 실제 영어랑 너무 달라서 결국 둘 중에 하나는 포기하기에 이릅니다.

공부해야 하는 기간에 영어를 놓쳐버린 우리는 성인이 되어 자비를 들여 실전 영어를 하려 하지만, 체계적인 방법은 없고 다 그때뿐입니다. 시간이 지나면 까먹어서 다시 기본 문장만 영어로 말하고 있습니다.

요즈음은 안 들리는 영어를 머리 아파도 참아가며 한 문장을 수십 번씩 듣고 따라 하는데 그게 얼마나 집요해야 할까요! 학생이든 성인이든 영어를 좀 알아야 하죠! 문장이고 문법이고 이해가 안 가는데… "귀에서 피나겠어!"

기존 시스템은 우리를 너무 헷갈리게 합니다. 그래서 기둥영어는 영어의 전 과정을 세밀하게 담아내면서 남녀노소 그 어느 레벨이든 탄탄하게 영어가 쌓이도록 만들었습니다.

기둥영어를 담아낸 체계적인 시스템이 Map입니다. 그럼 Map을 구경해보죠.

〈교재사용법〉 Map은 영어의 전 과정을 보여줍니다.

Map의 구성은 기존의 모든 영어책과 다릅니다. 가르쳐주지 않은 구조는 절대 예문으로 섞여 나오지 않기 때문에 (다른 모든 영어 교재들은 섞여 나옴) 자신감이 향상되면서 스피킹이 됩니다.

또한 개념을 꾸준하게 설명하면서 모든 것을 암기가 아닌 응용으로 익히기 때문에 스텝이 진행되면서 여러분이 말할 수 있는 영어 문장들은 기하급수적으로 많아집니다.

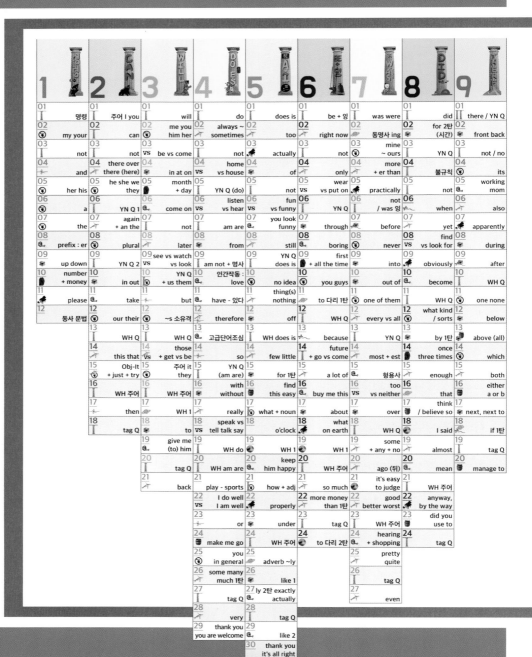

스텝에서는 우리말이 많아 보이지만 우리말 설명 앞에 계속해서 나오는 #이 붙은 모든 문장을 이제 여러분 스스로 영어로 말하게 될 것입니다. 설명은 많지 않습니다. 개념을 익히고 계속 영어로 만들면서 진행합니다. 그래서 영어라는 언어가 어떤 것인지 정확히 감을 잡게 됩니다. 이렇게 해야 영어 공부에서 자유로워집니다.
말하기로 진도가 나가면서 듣기, 쓰기, 독해를 함께 끝낼 수 있습니다.
언어는 이렇게 모든 것을 아우르며 공부하는 것이 맞습니다.

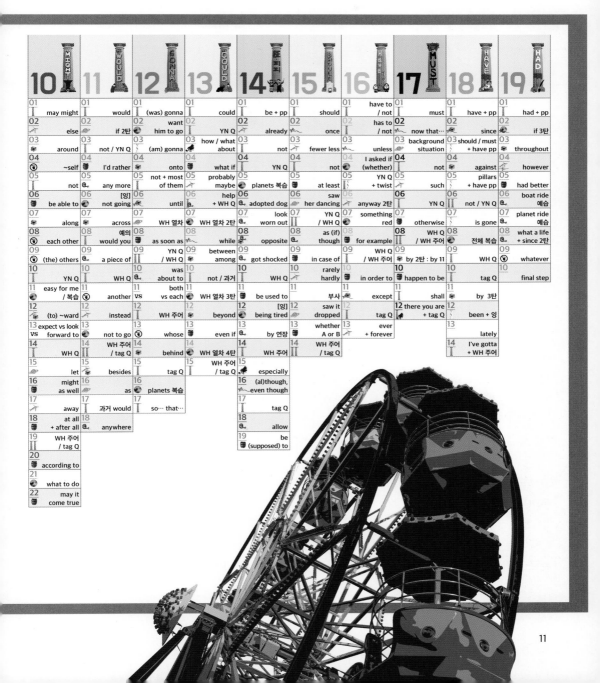

10 MIGHT	11 WOULD	12 GONNA	13 COULD	14	15 SHOULD	16 HAVE	17 MUST	18 HAVE	19 HAD
01 may might	01 would	01 (was) gonna	01 could	01 be + pp	01 should	01 have to / not	01 must	01 have + pp	01 had + pp
02 else	02 if 2탄	02 want him to go	02 YN Q	02 already	02 once	02 has to / not	02 now that…	02 since	02 if 3탄
03 around	03 not / YN Q	03 (am) gonna	03 how / what about	03 not	03 fewer less	03 unless	03 background situation	03 should / must + have pp	03 throughout
04 ~self	04 I'd rather	04 onto	04 what if	04 YN Q	04 not	04 I asked if (whether)	04 not	04 against pillars + have pp	04 however
05 not	05 any more	05 not + most of them	05 probably maybe	05 planets 복습	05 at least	05 YN Q + twist	05 such	05 such + have pp	05 had better
06 be able to	06 not going	06 [잉] until	06 help + WH Q	06 adopted dog	06 saw her dancing	06 anyway 2탄	06 YN Q	06 not / YN Q	06 boat ride 예습
07 along	07 across	07 WH 열차	07 WH 열차 2탄	07 look worn out	07 YN Q / WH Q	07 something red	07 otherwise	07 is gone	07 planet ride 예습
08 each other	08 예의 would you	08 as soon as	08 while	08 opposite	08 though	08 for example	08 WH Q / WH 주어	08 전체 복습	08 what a life + since 2탄
09 (the) others	09 a piece of	09 YN Q / WH Q	09 between among	09 got shocked	09 in case of	09 WH Q / WH 주어	09 by 2탄 : by 11	09 WH Q	09 whatever
10 YN Q	10 WH Q	10 was about to	10 not / 과거	10 WH Q	10 rarely hardly	10 in order to	10 happen to be	10 tag Q	10 final step
11 easy for me / 복습	11 another	11 both vs each	11 WH 열차 3탄	11 be used to	11 부사	11 except	11 shall	11 by 3탄	
12 (to) ~ward	12 instead	12 WH 주어	12 beyond	12 [잉] being tired	12 saw it dropped	12 whether ever + forever	12 there you are + tag Q	12 been + 잉	
13 expect vs forward to	13 not to go	13 whose	13 even if	13 by 연장	13 whether A or B			13 lately	
14 WH Q	14 WH 주어 / tag Q	14 behind	14 WH 열차 4탄	14 WH 주어	14 WH 주어 / tag Q			14 I've gotta + WH 주어	
15 let	15 besides	15 tag Q	15 WH 주어 / tag Q	15 especially					
16 might as well	16 as	16 planets 복습		16 (al)though, even though					
17 away	17 과거 would	17 so… that…		17 tag Q					
18 at all + after all	18 anywhere			18 allow					
19 WH 주어 / tag Q				19 be (supposed) to					
20 according to									
21 what to do									
22 may it come true									

11

〈교재사용법〉아이콘 설명

기둥을 중심으로 Map을 따라가다 보면 영어의 다양한 구조들을 빈틈없이 싹 훑게 될 것입니다. 영어는 기둥을 계속 나란히 세울 수 있게 만들어진 언어이고 그 기둥들에 붙는 다양한 도구들은 총 10개밖에 안 됩니다. 이것들로 인해 영어는 다시 한번 엄청 쉬워집니다.

이 도구의 아이콘들과 특이한 명칭들은 여러분에게 재미있으라고 만든 것도 아니고 심심해서 만든 것도 아닙니다.

각 문법의 특징을 상기시켜주는 중요한 도움이 될 장치라는 것을 알게 될 겁니다. 모든 그림은 문법의 기능을 보여주기 위한 것이며 각각의 틀을 정확히 알아야 처음으로 접한 말도 스스로 응용해 영어로 만들 수 있습니다. 각 아이콘은 초등학생도 영어 구조의 기능을 완전히 파악할 정도로 정확히 보여줍니다.

그러면 등위 접속사, 부정사 명사 기능, 관계대명사, 부사구, 분사구문 조건절 등등 저 잡다하고 복잡한 모든 문법 용어가 다 사라집니다. 하지만 여러분은 정확하게 문법들을 사용할 수 있게 되죠.

그리고 고급 문법 구조들도 스스로 응용하여 새로운 말까지 만들어낼 수 있습니다.

반복되는 아이콘이 머릿속에 문법의 기능과 이미지로 팍팍 새겨지며 복잡한 문법들이 이렇게 귀여운 10개의 도구로 끝납니다.

나중에는 이미지만으로 설명 없이도 새로운 구조를 바로 이해하게 됩니다. 이렇게 적은 수의 아이콘으로 어려운 문장들까지 쉽게 읽고 말하는 신비한 경험을 하게 될 겁니다.

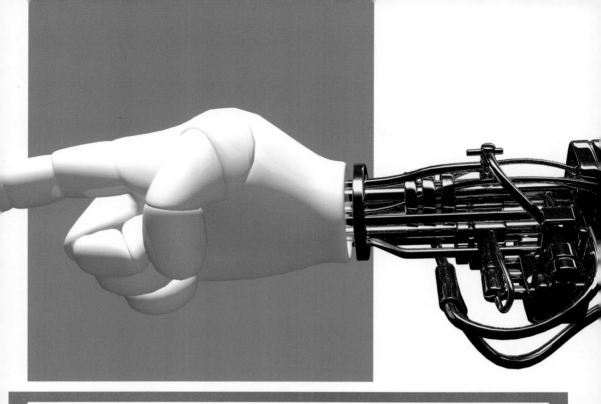

〈문법 용어〉

영어를 모를 때나 문법 용어를 찾게 되지 영어가 보이면 문법 용어는 쳐다보지도 않게 됩니다. 이 코스로 배운 모든 학생이 경험한 변화입니다. 여러분도 각 기능을 다 알고 나면 더 이상 이 아이콘을 굳이 쓰지 않아도 됩니다. 정작 영어를 하기 시작하면 용어 자체를 말하는 일 없이 자신의 말을 하기 때문입니다.

영어는 반복 훈련이 필요하다는 것을 다들 아실 것입니다.
하지만 언어는 다양하게 말할 수 있기 때문에 운동이나 악기연습같이 똑같은 것을 반복하는 훈련이 아닌 작곡 같은 훈련을 해야 합니다. 같은 패턴이나 문장의 암기가 아닌 자신의 말로 다양하게 만들어보는 반복 훈련을 하면 훨씬 더 큰 결과물을 빠르게 얻습니다. 그런 반복 훈련이 될 수 있도록 매 스텝을 준비했습니다.

각 스텝에 주어진 단어들이 너무 쉬워 보이나요? 쉬운 단어들을 드리는 이유는 구조를 정확히 볼 수 있게 하기 위해서입니다. 단어까지 어려우면 뒤에 숨겨진 구조를 보지 못합니다. 하지만 구조를 정확하게 이해하면 어려운 단어들로 이루어진 복잡한 문장도 쉽게 말할 수 있습니다.

이 모든 것을 쉽게 따라올 수 있도록 Map을 만들었습니다.

스텝 안에서 유념해야 할 부분

#이 붙은 문장은 설명을 보지 말고, 바로 영어로 만들라는 뜻입니다. 이렇게 계속 새로운 우리말을 영어로 직접 만들면서 익혀나갑니다. 설명만을 읽으면 지루하기도 하고, 또 문장만 만들면 암기를 하게 되는 식이라 응용법을 익힐 기회가 사라집니다. 설명을 보지 말고 함께 제공되는 가리개로 가리면서 직접 영어로 만드세요.

#이 붙은 문장들은 그 스텝에서 배우는 것만 나오지 않고, 그 전의 스텝에서 배운 것도 랜덤으로 섞이면서 접하지 않은 새로운 문장으로 나오기 때문에 퀴즈처럼 항상 머릿속으로 헤아리면서 진행해야 합니다. 재미있을 겁니다.

#이 붙은 문장을 보면 아래 설명 부분을 가리개로 가리고 공부하면 좋습니다. 정확히 구조를 모를 때는 공책에 먼저 써본 후 말하는 것을 추천합니다. 안다고 생각해도 정작 써보고 나서 가이드와 비교하면 틀리는 경우를 종종 봐왔기 때문입니다.

스텝 설명 예시

#A: 그녀는 나이가 듦에 따라, 자신감도 늘어났어.
> grow old / confidence [컨*피던스] / gain [게인] <
나이가 듦 = 자신감 늘어남. 그래서 as를 쓸 수 있죠.
→ As she grew older, she gained more confidence.

#B: 그래? 나는 나이가 듦에 따라, 몸무게가 늘었는데.
> weight / gain <
→ Yeah? As I grew older, I gained weight.

#A: 그것만이 아니지.
→ That's not all. / Not only that.이라고도 잘 쓴답니다.

#나이가 들면서 혈당량도 올라갔지.
> blood sugar level <
나이가 듦 = 혈당량도 올라감
→ As you grew older, your blood sugar level went up too.

가리개 설명

여러분은 스텝 안의 #이 붙은 모든 문장과 연습 문장을 직접 영어로 만들어나갑니다.
먼저 배운 것도 랜덤으로 섞여 나오므로 계속 이전의 것도 함께 기억하면서 새로운 것을 배웁니다.
여러분이 직접 골라서 사용할 줄 알아야 하기 때문에 잘 생각날 수 있게 가리개에 기록해두었습니다.

이제 5형식이나 시제, 조동사 등을 굳이 배울 필요가 전혀 없습니다.

가리개에는 영어의 모든 구조가 이미지로 그려져 있습니다.
기둥에는 기둥의 기능을 보여주는 이미지도 그려져 있습니다.
배우지 않은 것들은 나오지 않으니, 항상 배운 것 안에서만 골라내면 됩니다.

연습장 설명

연습장에서 제공되는 기둥은 이미 배운 기둥뿐입니다. 위의 샘플을 보면 15번 기둥까지 배웠음을 알 수 있습니다.

문장을 만들 때는 기둥을 생각하면서 맞는 기둥을 골라 구조에 맞게 끼워 넣기만 하면 됩니다. 기둥으로 영어를 보면 우리말에 이미 힌트가 다 들어 있다는 것을 알게 됩니다. 생각할 필요 없이 단어만 끼워 맞추면 끝입니다. 영어의 모든 말은 기둥으로만 이루어져 있고, 모든 기둥은 한 가지 구조로만 움직이니 여러분은 레고처럼 그냥 단어만 끼우면 됩니다.

예문을 영어로 바꿀 때 필요한 영단어는 아래 예시처럼 회색으로 제공되며 우리말 순서대로 나열됩니다. 예를 들어, "안전벨트는 당신의 목숨을 구할 수도 있습니다." 아래에는 seatbelt / life / save로 단어가 나열됩니다.

우리말을 읽으면서 대체할 단어가 순서대로 제시되어 있습니다.
발음은 가이드라인일 뿐입니다. 접한 후 영어 발음으로 더 연습하세요.

스텝 설명 예시

#의사: 두 분 중 한 분은 가까이 계시는 편이
좋겠습니다, 동의가 필요할 것을 대비해서요.
close / stay / consent [컨센트]=동의서

One of you should stay close
in case we need your consent.

#내가 산에 위스키 한 병을 가지고 오마, 우리가 뱀에
물리는 경우를 대비해서.
mountain / whiskey / bottle / snake / bite

I'll bring a bottle of whiskey to the
mountain in case we get bitten by a snake.

연습장 설명

예문 오른쪽 하단의 가이드 역시 가리개로 가리고 영어 문장을 만들면 좋습니다. 연습장에서도 더 시간을 투자할 수 있으면, 공책에 적으면서 말하는 것을 추천합니다. 쓰면서 하는 공부는 다릅니다. 직접 써보면 안다고 생각했던 문장도 틀리기 쉽다는 것을 알게 될 것입니다. 적은 것을 확인한 후에 영어로 말하며 다시 만들어봅니다. 천천히 만들면서 우리말에 감정을 싣듯이 영어에도 감정을 실어 말합니다.

그 후 발음까지 좋게 하기를 원하면 www.paviaenglish.com으로 가서 리스닝 파일을 들으면서 셰도잉 기법을 활용하면 됩니다. 셰도잉 기법은 문장이 끝날 때까지 기다리지 않고 상대가 말하는 대로 바로바로 따라 말하는 방법입니다. 그러면 발음은 금방 자연스럽게 좋아집니다.

하루에 한 스텝씩! 매 스텝을 하루 10분 이내로 1개씩만 해도 1년이면 다 끝납니다. 이미 해본 학생들 말로는 한 스텝씩이기 때문에 벅차지 않다고 합니다.

1년 뒤면 실제로 영어가 여러분의 것이 될 수 있습니다. 원서로 책을 읽고, 할리우드 영화를 영어 자막으로 보다가 자막 없이도 보고, 궁금한 내용을 구글에서 영어로 검색하는 등 실제 유학생들처럼 영어가 공부가 아닌 생활이 되기 시작할 것입니다.

영어를 어느 정도 익힌 학생들이나 빠르게 끝내야 하는 학생들을 위해 Map 안에 지름길이 세팅되어 있습니다.

다음 페이지에서 세 종류의 지름길을 소개합니다.

지름길: 필요에 따라 적절한 코스대로 익혀나가도 좋습니다.
284-285쪽에서 아이콘 요약서를 접하면 좀 더 빠르게 진행할 수 있습니다.

문법 지름길 코스
학교에서 배우는 문법을 이해 못하겠다. 말하기는커녕 독해도 어렵다. 서둘러 늘고 싶다.

고급 지름길 코스
기본 영어는 잘하고 어휘와 문법은 꽤 알지만 복잡한 문장들은 혼자서 만들 수가 없다.

여행 지름길 코스
영어를 하나도 모르지만 내 여행 스타일에 맞는 영어를 준비해서 갈 수 있으면 좋겠다.

문법 지름길

		02¹³	WH Q			05⁰⁴	of
01⁰¹	명령	02¹⁵	Obj-it + just + try	04⁰¹	do	05⁰⁵	not
01⁰²	my your	02¹⁶	WH 주어	04⁰² always ~ sometimes		05⁰⁷	you look funny
01⁰³	not	02¹⁷	then	04⁰³	not	05⁰⁹	YN Q does is
01⁰⁴	and	02¹⁸	tag Q	04⁰⁵	YN Q (do)	05¹⁰	no idea
01⁰⁵	her his			04⁰⁷	am are	05¹²	off
01⁰⁶	a	03⁰¹	will	04⁰⁸	from	05¹³	WH does is
01⁰⁷	the	03⁰²	me you him her	04⁰⁹	am not + 명사	05¹⁴	few little
01⁰⁹	up down	03⁰⁴	in at on	04¹⁴	so	05¹⁵	for 1탄
01¹²	동사 문법	03⁰⁷	not	04¹⁵	YN Q (am are)	05¹⁶	find this easy
		03¹⁰	YN Q + us them	04¹⁶	with without	05¹⁷	what + noun
02⁰¹	주어 I You	03¹¹	but	04¹⁹	WH do	05¹⁹	WH 1
02⁰²	can	03¹²	~s 소유격	04²⁰	WH am are	05²⁰	keep him happy
02⁰³	not	03¹³	WH Q	04²²	I do well I am well	05²¹	how + adj
02⁰⁵	he she we they	03¹⁵	주어 it they	04²³	or	05²³	under
02⁰⁶	YN Q 1	03¹⁶	WH 주어	04²⁴	make me go	05²⁵	adverb ~ly
02⁰⁸	plural	03¹⁷	WH 1	04²⁶	some many much	05²⁶	like 1
02⁰⁹	YN Q 2	03¹⁸	to				
02¹²	our their	03¹⁹	give me (to) him	05⁰¹	does is	06⁰¹	be + 잉

				12[17]	so…that…	17[02]	now that…
01[01]	명령	07[01]	was were			17[03]	background
01[03]	not	07[02]	동명사 ing	13[01]	could	17[07]	otherwise
		07[05]	practically	13[04]	what if	17[10]	happen to be
02[01]	주어 I you	07[21]	It's easy to judge	13[07]	WH 열차 2탄		
02[02]	can			13[11]	WH 열차 3탄	18[01]	have + pp
02[03]	not	08[01]	did	13[13]	even if	18[02]	since
02[06]	Y.N Q 1	08[16]	that	13[14]	WH 열차 4탄	18[03]	should + have pp
02[09]	Y.N Q 2	09[01]	there / YN Q			18[05]	pillars + have pp
02[13]	WH Q	09[03]	not / no	14[01]	be + pp	18[07]	is gone
02[16]	WH 주어	09[07]	apparently	14[03]	not	18[12]	been + 잉
		09[14]	which	14[06]	adopted dog		
03[17]	WH 1	09[18]	if 1탄	14[07]	look worn out	19[01]	had + pp
03[19]	give me (to) him	09[20]	manage to	14[11]	be used to	19[02]	if 3탄
				14[12]	[잉] being tired	19[08]	what a life + since
04[01]	do			14[16]	(al)~, even though		
04[03]	not	10[01]	may might	14[19]	be (supposed) to		
04[07]	am are	10[15]	let				
04[12]	therefore	10[16]	might as well	15[01]	should		
04[13]	고급단어조심	10[21]	what to do	15[02]	once		
04[14]	so			15[06]	saw her dancing		
04[22]	I do well I am well	11[01]	would	15[08]	as (if) though		
04[24]	make me go	11[02]	if 2탄	15[09]	in case of		
		11[06]	[잉] not going	15[12]	saw it dropped		
05[01]	does is	11[13]	not to go	15[13]	whether A or B		
05[03]	actually	11[16]	as				
05[04]	of	11[17]	과거 would	16[01]	have to / not		
05[22]	properly			16[03]	unless		
		12[01]	(was) gonna	16[04]	I asked if (whether)		
06[01]	be + 잉	12[02]	want him to go	16[05]	YN Q + twist		
06[11]	to 다리 1탄	12[03]	(am) gonna	16[07]	something red		
06[13]	because	12[07]	WH 열차	16[10]	in order to		
06[19]	WH 1	12[10]	was about to				
06[24]	to 다리 2탄	12[13]	whose	17[01]	must		

여행 지름길

		04[11]	have - 있다	07[21]	it's easy to judge	12[02]	want him to go
01[01]	명령	04[14]	so			12[03]	(am) gonna
01[02]	my your	04[16]	with without	08[01]	did	12[06]	until
01[03]	not	04[23]	or	08[02]	for 2탄 (시간)	12[07]	WH 열차
01[04]	and			08[03]	YN Q		
01[09]	up down	05[01]	does is	08[04]	불규칙	13[01]	could
01[10]	number + money	05[03]	actually	08[05]	not	13[02]	YN Q
01[11]	please	05[04]	of	08[06]	when	13[03]	how / what about
		05[05]	not	08[11]	WH Q	13[07]	WH 열차 2탄
02[01]	주어 I You	05[10]	no idea	08[12]	what kind / sorts		
02[02]	can	05[11]	thing(s) nothing	08[13]	by 1탄	14[01]	be + pp
02[03]	not	05[15]	for 1탄	08[16]	that	14[06]	adopted dog
02[04]	over there (here)	05[17]	what noun	08[18]	I said		
02[06]	YN Q 1	05[19]	WH 1	08[20]	mean	15[01]	should
02[07]	again + an the	05[21]	how + adj			15[07]	YN Q / WH Q
02[13]	WH Q	05[23]	under	09[01]	there / YN Q		
02[14]	this that	05[25]	adverb ~ly	09[03]	not / no	16[01]	have to / not
02[15]	Obj-it + just + try	05[26]	like 1	09[05]	working mom	16[02]	has to / not
02[17]	then					16[05]	YN Q + twist
		06[01]	be + 잉	09[08]	during	16[11]	except
03[01]	will	06[07]	through	09[09]	after		
03[04]	in at on	06[08]	boring	09[10]	WH Q	17[01]	must
03[10]	YN Q + us them	06[11]	to 다리 1탄	09[14]	which	17[03]	background
03[11]	but	06[12]	WH Q	09[17]	next, next to	17[04]	not
03[13]	WH Q	06[13]	because	09[18]	if 1탄		
03[14]	those + get vs be	06[14]	future + go vs come			18[01]	have + pp
03[21]	back	06[15]	a lot of	10[01]	may might	18[02]	since
		06[17]	about	10[15]	let	18[03]	should + have pp
04[01]	do	06[24]	to 다리 2탄	10[21]	what to do	18[07]	is gone
04[03]	not			11[01]	would		
04[05]	YN Q (do)	07[01]	was were	11[08]	예의 would you		
04[07]	am are	07[02]	동명사 ing	11[10]	WH Q		
04[08]	from	07[07]	before				
04[09]	am not + 명사	07[19]	some + any + no	12[01]	(was) gonna		

01

명령 기둥

02

CAN 기둥

Index

WILL 기둥

명령 기둥

01

101 명령문

1번 기둥은 다른 모든 기둥의
뿌리와 같습니다.
1번 기둥이 흔들리면 모두 다
흔들리기 때문에 아주 중요해요.
이렇게 중요한 1번 기둥은
과연 무엇일까요?

바로 **명령 기둥**입니다.

이미 영어를 공부하는 학생들은, 별거 아니라고 생각할 수도 있지만 명령 구조를 무시하면 안 돼요. 태어나면서부터 우리에게 가장 익숙한 표현이 바로 명령 기둥입니다.
부모님께 가장 많이 듣는 말이 바로 명령 구조거든요.
"자라. 울지 마. 아프지 마라." 다 명령이죠.
그만큼 세상에 태어나자마자 가장 먼저 접하는 언어 구조입니다.
명령 기둥이라고 하면 무조건 시키는 말이라고 생각할 수도 있지만
"행복하세요. 건강하세요"도 명령 기둥이며 어른한테도 쓸 수 있습니다.
명령은 결국 상대방에게 '내가 말한 대로 하라'는 뜻입니다.
"오래 사세요!"도 마찬가지죠.
"늘 웃는 일만 생겨." "대박 나라~" 같은 덕담도 '내가 말한 대로 되라'는 명령 기둥입니다. 일상생활에서도 많이 사용되는 기둥이죠.
이런 말들을 영어로 하는 것은 정말 간단합니다.

먼저 무조건 알아야 할 것!
노래 '두비두비~' 알죠?
바로 그거예요.
두 랑 비 — do & be
영어에서 정말 중요한 표현입니다.

두비의 느낌은, 동양의 음양 기호와 비슷하다고 보면 됩니다.
문제는 대다수의 학생이 이 부분을 지금까지 대충 넘겼어요. 그래서 계속 헤매게 되는 겁니다. 5형식은 열심히 공부하면서 정작 가장 중요한 이 둘은 넘겨버린 거죠.
두비를 제대로 모르면, 눈을 뜨고 있어도 낮인지 밤인지 구별 못 하는 것과 같습니다.

왜 이처럼 두비를 정확하게 알지 못하는 걸까요?
아무래도 영어책에서 주어지는 문장들을 무작정 외우거나 우리말로 옮기느라 바빠서 생긴 문제 같아요. 기초부터 스스로 뜻과 문장을 만들어보지 않은 거죠.

두비는 음과 양처럼 둘로 나뉘는 표현인데 영어는 정말 모든 말이 딱 2개로 나뉩니다.
이제 스스로 두비를 나누도록 연습할 겁니다.
초등학교 3학년도 금방 할 만큼 쉬워요.
그럼 do인지, be인지 제대로 파악하면서 문장을 만들어보자고요!

두

먼저 do부터 볼까요?

do는 행동하는 것을 표현할 때 쓰면 돼요.

시작은 쉬운 단어부터 하죠.

구조를 탄탄히 익히는 것이 가장 중요한데

어려운 단어까지 외우려면 헷갈리거든요.

웃어!

친구에게 영어로 웃어!라고 말하고 싶다면?

'웃다'는 행동이죠? 그럼 '두비'에서 be를 버리고 do를 쓰면 되겠죠?

do의 특징은 그냥 행동을 뜻하는 단어만 그대로 말하면 돼요!

'웃다'라는 뜻의 단어로 smile [스마일]이 있어요. 감정을 넣어 친구에게 말하세요. → Smile!

이렇게 말하는 순간 "웃어!"라고 명령하게 되는 겁니다.

'웃다'라는 단어를 말로 바꾸는 거죠. 쉽죠? 그냥 단어만 말하면 되는 명령 기둥! 꼭 기억하세요.

더 해볼까요?

먹어!

행동이죠. '먹다'는 영어로 eat [잇]이니 친구에게 "Eat!" 하고 말하면 "먹어!"라고 말한 겁니다.

'공부하다'는 study! 친구에게 공부해! 하고 싶으면 → Study!

운동해!는 '운동하다'라는 뜻의 영어를 찾아보면 되겠죠? → Exercise [엑썰싸이즈]!

이렇게 단어만 알면 명령 기둥을 말할 수 있어요.

명령 구조는 실제로 많이 쓰는 기둥이니까 머리로 이해했다고 자만하지 말고 입으로도 꾸준히 연습해야 영어를 제대로 할 수 있어요. 작게라도 소리 내서 계속 말하세요.

그러면 be는 무엇일까요?

이것은 상태를 말할 때 사용합니다. 애매하죠?

상태는 행동이 아닌 것.

가만히 있어도 사실인 것을 말해요.

결국 do가 아니면 다 be라고 할 수 있습니다.

'슬프다'는 행동이 아니죠? 눈물을 흘린다든가 슬픈 척은 할 수 있지만 '슬프다' 자체는 행동이 아니니 상태입니다. '크다'라는 단어는 어떨까요? 그냥 내 키가 큰 거지, 딱히 행동으로 보이는 게 아니잖아요. '인간이다'도 마찬가지로 행동이 아니라 가만히 있어도 인간인 거죠.

반대로 do는 모두 움직이는 행동이에요. '먹다'는 입에 넣어 음식을 씹는 행동이죠. '공부하다'도 마찬가지로 행동, '달리다'도 행동이죠. 이렇게 몸을 움직이는 행동이 **아닌** 것이 다 be입니다. 이게 뭐 그리 중요하다고 길게 설명을 하느냐고요?

사용법이 다르기 때문입니다.
do는 그냥 단어만 던지면 자동으로 말이 되지만 be는 무조건 앞에 be를 먼저 말한 후 단어를 붙여야 합니다.

#친절해져라!를 말해보라고 하면 보통 "Kind!"라고 하는데, 틀린 표현입니다!
Be 먼저 말하고 kind! → Be kind! 이래야 말이 돼요.
be를 먼저 던지고 나서 단어를 붙인다는 거죠.

be는 수학의 등호(=)라고 보면 돼요.
무엇은 무엇과 같다, 3 + 3 = 6처럼 네 상태 = 어떤 상태가 되라는 겁니다.
Be kind는 네 상태 = 친절한 상태가 되라는 거죠.

아직 "친절해져라!"라는 말이 왜 be 쪽인지 헷갈리나요?
잘 모르겠으면 '친절하다'에서 어떤 행동이 보이는지 떠올려보세요.
어른을 도와드리는 것? 고객에게 상냥한 서비스? 아이의 투정을 너그럽게 받아주기?
'친절하다'라는 단어는 뭔가 하나의 행동으로 규정할 수가 없어요.
그럼 친절한 사람이 잠이 들면 더 이상 친절하지 않은 건가요? 아니죠.

하지만 "먹어!" 할 때 '먹다'는 누구나 비슷한 행동으로 표현이 가능합니다. 이미지가 하나로 정리되죠. "자!" 할 때의 '자다'도 마찬가지예요. 사람뿐 아니라 동물도 다들 비슷하게 잡니다.

절대 잊지 마세요.

**영어로 말할 때는 무조건 꼭
do나 be 중 하나만 선택하셔야 합니다.**
do 아니면 be!   두비두비~

대부분 다 쉽게 구별되니 걱정 마세요.
가끔 뻔하지 않은 것들이 있긴 하지만 그런 것들은 예문에서 자주 보일 테니 굳이 따로 노력하지 않아도 금방 실력이 탄탄해질 거예요.

그런데 do인지 be인지 왜 하나하나 생각해서 고르라는 걸까요?

그냥 외우면 된다고 생각할 수도 있지만 **본격적으로 실전에 들어가면 진짜 생각지도 못한 문장을 만들어야 할 때가 자주 생기기 때문입니다.**
지금부터 습관을 붙이면, 더 이상 모르는 문장이라도 즉석에서 척척 만들어내는 것에 울렁증을 느끼지 않아도 될 거예요. 자꾸 하다 보면 속도도 빨라질 테고요.
또 직접 만들다보면, 영어를 훨씬 더 정확하게 알게 됩니다. 그러면 번역 실력은 자동으로 엄청 향상되죠.

1번 기둥은 나중에 나올 모든 기둥의 뿌리여서 설명이 길어졌어요.

이제 문장을 만들어보죠. 항상 #이 나오면 먼저 제공되는 단어만을 가지고 스스로 영어로 만들어 말하세요. 그런 다음 비교해보세요.

#행복해라!
> happy [해피] <

당연히 명령 기둥! 명령 기둥은 다른 거 없어요. 두비만 신경 쓰세요.

 do일까요? be일까요?

'행복하다'는 한 가지 행동으로 표현이 안 되죠? 그러니까 상태가 맞아요. 그러면 be니까 be 먼저 말하고 생각하세요.
'행복하다'는 영어로 happy니까 be 뒤에 붙여서

→ Be happy!

Tip: 말할 때도 감정을 담아 표현하세요!
도레미파솔라시도를 안다고 해서, 손가락으로 빨리 칠 수 있는 건 아니죠?
둘은 다른 실력입니다! 혀 근육을 연습시켜주세요.

#도와줘!
> help [헬프] <

'도와주다'는 행동으로 할 수 있죠?
그러면 do. '돕다'는 영어로 help니까

→ Help!

#용감해져!
> brave [브*레이*브] <

'용감하다'는 상태니까 무조건 be 먼저 말해야겠죠?

→ Be brave!

brave 말고 다른 단어가 떠오르는 분들도 있으시죠?
일단은 제공하는 단어로 문장을 만들어보세요. 이유는 뒤에 말씀드릴게요.

'용감하다'가 왜 상태인지 헷갈리는 분들을 위해 한 번 더 설명할게요.
'용감하다'는 한 가지 행동으로 표현하기 힘들죠?
스카이다이빙, 야생동물 길들이기, 사람을 구하기 위해 불길에 뛰어드는 행동, 모두 용감한 행동이죠. 한 가지로 표현이 안 돼요.
그래서 **"용감해져라!"** 하면 간단하게 be를 선택하면 됩니다.

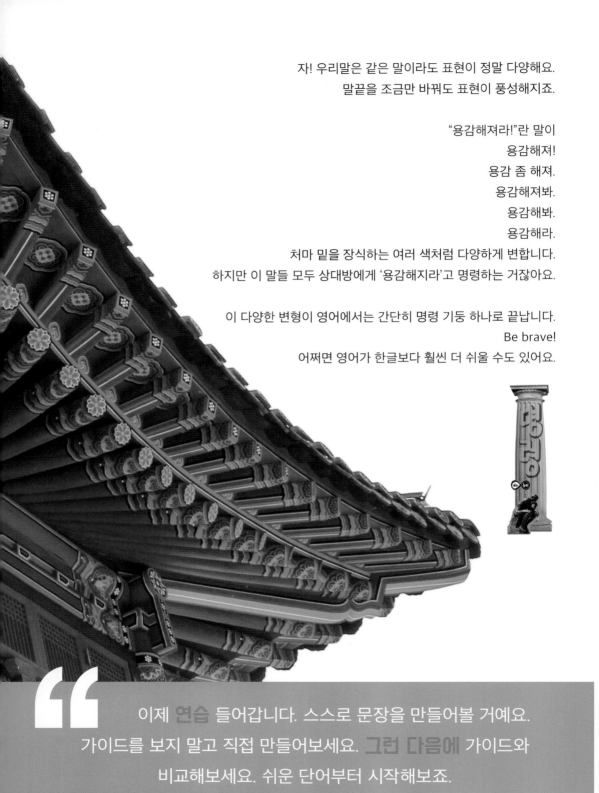

자! 우리말은 같은 말이라도 표현이 정말 다양해요.
말끝을 조금만 바꿔도 표현이 풍성해지죠.

"용감해져라!"란 말이
용감해져!
용감 좀 해져.
용감해져봐.
용감해봐.
용감해라.
처마 밑을 장식하는 여러 색처럼 다양하게 변합니다.
하지만 이 말들 모두 상대방에게 '용감해지라'고 명령하는 거잖아요.

이 다양한 변형이 영어에서는 간단히 명령 기둥 하나로 끝납니다.
Be brave!
어쩌면 영어가 한글보다 훨씬 더 쉬울 수도 있어요.

"

이제 연습 들어갑니다. 스스로 문장을 만들어볼 거예요.
가이드를 보지 말고 직접 만들어보세요. 그런 다음에 가이드와
비교해보세요. 쉬운 단어부터 시작해보죠.

#숨어!

hide [하이드]

'숨다'는 행동이죠? 그럼 단어만 딱 말해요.

....Hide!

#건강해라!

healthy [헬*씨]

'건강하다'에 행동 안 보이죠? 그럼 be 먼저!

....Be healthy!

#진행하세요!

proceed [프*로씨~드]

진행은 행동으로 할 수 있죠! 그러면 단어만~

....Proceed!

#질문해! (물어봐!)

ask [아스크 / 애스크]

'질문하다'는 행동으로 할 수 있죠! 그러니 단어만~

* ask를 영국, 유럽, 오스트레일리아는 [아스크]로 발음하고, 미국, 캐나다는
[애스크]로 발음합니다. 양쪽 다 맞으니까 편한 것으로 고르세요.

....Ask!

#진지해져 봐!

serious [씨*리어스]

'진지하다'는 be 쪽. 상태가 진지해지라는 거죠.

....Be serious!

#기다려!

wait [웨이트]

'기다리다'는 행동으로 하는 거니까 단어만 말하면 되죠.

....Wait!

#독립적이어 봐!

independent [인디'펜던트]

'독립적이다'도 상태니까 be 쪽!

....Be independent!

참 쉽죠! 똑같은 명령 기둥에 단어만 바꾸면 되니까요.
영어는 정말 이래요. 그래서 영어를 패턴이라고 하는 겁니다.
쉬운 단어라고 그냥 넘기지 말고 입에서 빨리 나올 수 있도록 두비를 먼저 골라내는 게 제일 중요답니다.

이제 여러분은 명령 기둥으로 만들어진 문장을 보면 왜 그렇게 생겼는지 이해가 될 겁니다.

그런데 영어 공부를 좀 한 친구들은 두비의 중요성에 의심이 들 수도 있어요.
그럼 다음 문장을 영어로 만들어보세요.

#넌 너희 부모님이랑 가깝니?
명령 기둥 아니죠. 질문하고 있잖아요. 다른 기둥입니다. 이 문장을 영어로 만들어보세요.

Do you… 라고 시작한 순간 Out!
틀렸어요. 왜 틀렸는지 볼까요?

가깝다.
이거 행동인가요?
"넌 너희 부모님이랑 가깝니?"는 친하냐고 묻는 거죠. '친하다'는 한 가지 행동으로 표현이 안 되죠. 행동이 아닌 상태입니다.
그러면 do는 버리고, be로만 문장을 만들어야 해요.

이렇게 영어는 정말 모든 문장에 do와 be가 들어가기 때문에, 지금부터 그 구분을 탄탄하게 해놓지 않으면, 나중에 문장이 조금만 복잡해져도 금방 엉망진창이 되고 말아요. 그래서 순서가 쉬운 기둥부터 설명하는 겁니다. 무엇보다 기초를 튼튼히 해야 해요. 명령 기둥 보면 두비링이 그려져 있고 고민하는 사람이 보이죠? 이번 기둥은 두비에 집중하면 됩니다.

단어 걱정은 안 하셔도 돼요.
이 코스는 예문에 어울리는 단어들이 제공되니까 단어 걱정은 안 해도 됩니다.
예문에 어울린다는 말이 무슨 뜻이냐고요?
특히 영어를 단어 암기 위주로 공부한 분들이 유의해야 할 점이에요.
"용감해져!"를 영어로 바꿔보라고 하면 brave는 쉬운 단어 같아서 그보다 courageous, daring, bold 같은 다른 단어를 쓰고 싶은 분들 특히 주의하세요.
사전에서 '용감하다'란 단어를 찾았을 때 저런 단어들이 나오더라도 막 쓰면 안 돼요.
저 단어들은 아무 때나 쓰는 단어가 아닙니다.
영어 단어들은 각각 어울리는 자리가 있거든요. 보통 흔히 "용감해져"라고 할 때는 brave를 씁니다. 모든 상황에 접목되는 단어죠.
단어들의 미묘한 차이를 아는 것은 '고급' 영어를 하는 데 굉장히 중요합니다. 영어가 기본이 안 되어 있는데 고급 단어만 암기한 바람에 어색한 영어를 하는 분들이 많아요.
괜히 단어를 제공해드리는 것이 아닙니다. 상황에 딱 들어맞는 단어들을 드릴 거예요. 그러니 지금은 주어진 단어들에 익숙해지세요. 진도가 나갈수록 영어의 이런 특징을 파악하게 될 겁니다.

단어보다 훨씬 더 중요한 것은 생각하는 거예요.

#Think!

지금 이 'Think!'도 명령 기둥을 사용했어요.
'생각하다'라는 단어를 말한 게 아니라
→ "생각해! 생각하세요!"라고 말한 거죠.
'생각하다'는 행동으로 할 수 있죠? 그래서 do 쪽입니다.
영어에서 '생각하다, 상상하다' 등 뇌가 하는 것은 뇌가 '작동한다' 해서 do 쪽으로 봅니다.

자! 그럼 이제 한 단계만 더 올라가볼까요?
좀 더 긴 문장을 만들어보죠.
영어로 바꿔보세요!

#주문해!

> order [오더] <

do be '주문하다'는 행동이니 do 쪽. 단어만 말하면 되죠.
→ Order!
그다음! 뭘 주문하라는 걸까요? 문장을 좀 더 늘려볼까요?

피자 주문해!

Order 뒤에다 그냥 단어를 붙이면 돼요.
→ Order pizza!

---

do be
Order!

뭘 주문해?
Pizza!

순서는 항상 같아요. 두비 먼저 말한 후, 할 말이 더 있으면 뒤에 붙이면 돼요. 우리말과 영어는 순서가 절대 똑같지 않으니 꼭 영어 구조의 순서대로 가야 합니다.

Order pizza!
기둥 뒤에 붙는 것들은 간단하고 쉬워요. 중요한 건 기둥이거든요. 그래서 이렇게 뒤에 붙는 단어들은 extra [엑스트라]라고 부를 겁니다. 영화에서 주연, 조연 배우 외에 상대적으로 역할이 작은 배우를 엑스트라라고도 하잖아요.

extra

이제부터 엑스트라를 붙여서 문장을 더 길게 만들어볼 거예요.

"네 가방 찾아!"라는 문장을 만들고 싶다면 '네 가방'을 먼저 말하지 말고 '찾아!'부터 말해야 해요! 두비가 먼저인 거죠!
무조건 두비가 먼저 나와야 합니다. 그런 다음 엑스트라를 붙이세요.
주요 힌트! 두비는 우리말에서 항상 문장 끝에 있습니다! 말의 맨 끝을 보면 두비 단어가 뭔지 답이 나옵니다. 답이 이미 문장 안에 있는 거죠.
영어와 우리말은 순서가 절대 똑같지 않아요! 하지만 그 순서는 자연스럽게 익힐 수 있으니 걱정 마세요. 두비만 습득하면, 나머지 기둥들은 식은 죽 먹기예요! 그럼 문장을 더 길게 만들어보죠.

#영어 공부해!

> English / study <

I 명령 기둥이니 두비만 고민.

 영어 공부해! 맨 끝을 보면 '공부해!' 이게 두비인 겁니다. 먼저 나와야 해요.

→ Study 그다음 엑스트라를 고민!

extra 뭘 공부하래요? 영어 → English

→ Study ~ English!

Tip:

English의 첫 글자는 대문자 E로 써요. 국가 명칭과 언어는 그들만의 고유한 것이라 해서 특별히 대문자로 씁니다. 영어 규칙이에요.

#오른쪽으로 꺾어!

> right [*롸이트] / turn=꺾다 <

 꺾어! 행동으로 할 수 있죠. → Turn

extra 할 말 더 남았죠. 오른쪽으로 꺾으라네요. 오른쪽은 영어로 right입니다. 그럼 뒤에 붙이세요. → right

→ Turn ~ right!

#마셔!

> drink [드*링크] <

 마시다. 할 수 있으니 do! → Drink!

#커피 마셔! coffee! (*f 발음 주의)

extra 그냥 엑스트라를 붙이면 됩니다.

→ Drink ~ coffee!

#지금 마셔!

> now [나우] <

→ Drink ~ now!

#커피 지금 마셔!

엑스트라가 2개네요. 언어는 항상 자연스러운 선택을 합니다. "마셔!" 하면 보통 다음 반응은, "뭘? 뭘 마셔?"가 나오죠. 그 말부터 먼저 붙이면 돼요.

Drink coffee now!

엑스트라가 2개 이상일 때는 순서가 헷갈릴 수 있습니다.

말로 할 때는 상대가 어렵지 않게 추측할 수 있어요. 틀려도 되니까 편하게 말해도 돼요. 글로 쓸 때는 시간이 있으니까 항상 자연스러운 선택을 기억하세요.

#이제 조용히 해!

'조용히 하다'는 많이들 아는 'Be quiet!'로 해보죠.

quiet [쿠와이어트]는 입술을 붙여서 다물라는 뜻의 '조용히'가 아니라, 공간 전체를 '조용한 상태'로 만들라는 뜻이에요.

조용한 상태는 한 가지 행동으로 표현할 수 없죠. 그래서 quiet란 단어를 쓰려면 be를 말하고 붙이면 돼요.

난 입을 다물고 조용히 있지만, TV를 크게 틀어놓으면 조용한 상태가 아니겠죠? quiet 한 상태가 아닌 겁니다. 그래서 조용히 해야 하는 공간에서 누군가 발자국 소리를 낼 때도 → Be quiet!

나머지 엑스트라는 뒤에 붙이면 돼요.

보통 now라고 하면 '지금'이라는 뜻으로만 아는데, '이제'라는 말도 '바로 전까진 아니지만 지금부터'라는 뜻이 있죠? 그래서 now로 표현한답니다.

→ Be quiet ~ now!

'Be quiet' 말고 다른 말로도 표현할 수 있지 않느냐고요?

물론이죠. 우리도 같은 메시지를 다양한 말로 전달할 수 있잖아요.

'배고프다'라는 뜻으로 '허기지다, 출출하다, 시장하다'처럼 다양한 표현을 쓰니까요.

마찬가지로 이 코스에서는 여러분이 다양한 말을 만들어볼 수 있게 최대한 많은 단어를 제공할 거예요. 이미 아는 단어면 속도를 올리고, 모르는 단어면 어휘력을 늘린다고 생각하세요.

메시지 전달만 할 줄 알면 되지, 굳이 다양한 표현을 알 필요가 있느냐고 묻는다면 이렇게 답할 수 있겠어요. 말은 나 혼자 하는 게 아니라 상대방과 같이 하는 거잖아요? 내가 말할 때는 한 가지 표현만 알면 되지만 다른 사람은 같은 메시지를 어떤 식으로 표현할지 모르잖아요. 그래서 다양하게 접하는 겁니다. 지금 다 기억할 필요는 없어요. 접한다고 생각하고 말하는 것과 기둥에 신경 쓰세요.

그럼 이제 연습에 들어갈게요. 먼저 스스로 문장을 만든 후 가이드와 비교해보세요.

#내일 여기로 와!
tomorrow [투'마*로]=내일 / here [히어]=여기 / come [컴]

....Come here tomorrow!

#여기 조심해.
here / careful [케어*플]

.... Be careful here.

#돈 아껴! = 저축해!
money [머니] / save [세이*브]=저축하다
'저축하다'는 행동이니 do 쪽! 뭘 저축하래요? 돈이니까 money를 뒤에 붙이면 완성.

.... Save money!

#여기에 표시해.
mark [마~크]=표시하다
'표시하다'도 do 쪽이죠? '표시하다'는 영어로 mark, 나머지 안 한 말을 뒤에 붙이면
되겠죠?

.... Mark here!

#이제 진지해져 봐!
serious [씨*리어스]=진지한
* 결정을 안 하고 농담만 하는 상황에서 쓰일 때
'진지해지다'는 상태니까 be 쪽이죠. 엑스트라도 있네요. '이제'는 아까도 나왔죠?
now까지 넣으면 완성.

.... Be serious now!

40

이번 스텝은 다 끝났어요! 어떠셨나요?
OECD 국가 가운데 우리나라 국민이 유독 영어를 못한다는 기사들 봤죠? 우리도 방법만 제대로 찾으면 한순간에 따라잡을 수 있다고 생각해요.

우리는 internet [인터넷] 덕분에 세계화 시대에 살고 있어요.
인터넷에는 정말 많은 정보가 있죠. 영어로 검색되는 정보는 아주 무궁무진할 정도예요.
영어만 잘해도 세상이 훨씬 더 커집니다. 영어를 잘하면, 굳이 외국에 나가지 않고 한국에서도 하고 싶은 것을 더 크게 자유롭게 할 수 있는 기회가 생기지요.

한국인만이 공유하는 포털 사이트의 정보와, 전 세계인이 다양하게 함께 공존하는 영어 웹사이트에 있는 정보의 양은 차이가 엄청납니다. 그 둘의 어마어마한 차이를 비교하면 영어를 아는 것이 얼마나 삶에 도움이 되는지 상상할 수 있을 겁니다.

그리 오래 걸리지는 않을 거예요.
우리는 이미 그 과정에서 가장 중요한 첫 번째 발걸음을 내딛었습니다. 바로 do와 be의 큰 차이를 인지하면서 말을 하기 시작하는 것. 이것이 아주 중요해요. 그럼 이제 주위를 관찰하면서 행동들은 다 do 쪽이라 인지하면서 그 단어를 영어로 알고 있는지 스스로 확인해보세요.

102

my + your

두비는 영어를 하려면 기본적으로 밟아야 하는 쉽고 간단한 스텝입니다.
이미 잘 알고 있다면 두비 분리 연습을 한다고 생각하세요.

영어 공부를 하다 보면 꼭 마주치는 공식이 있죠?
1인칭, 3인칭, 목적격, 소유격, 아이, 마이, 미, 마인 등등.
구구단처럼 외우는 분이 많지만 문장에 넣어 이해하는 편이 훨씬 더 효과적
입니다.
그럼 배우면서 명령 기둥에 적용해 말해봅시다.

내(나의) 세상

영어로 **My world** [마이 *월드]

우리말은 같은 뜻의 말을 참 다양하게 표현할 수 있다고 했죠? '내 세상', '나
의 세상', '제 세상' 모두 해당돼요. 그럼 나 말고, 상대방에 관한 표현은 어떻
게 할까요?
#내 머리   → My head

네 머리는? 영어로 Your head [유*얼 헤드]
선생님과 대화 중 "선생님 두상은"이라고 말할 때도 똑같이 your head예요!
영어는 존댓말이 없다고 했죠.

#내 시간   → My time
#네 인생   → Your life (*f 발음 조심!)

이제 응용해서 문장을 만들어봅시다.

#당신의 삶을 변화시키세요!

> life [라이*프]=삶 / change [체인쥐] <

상대방한테 하라는 것이니 명령 기둥. 두비만 정하면 돼요!

do be 변화시키는 것은 행동이니까 do 쪽. 그러면 단어만 말하면 되죠.

→ Change

자! Change부터 던지고 그다음을 생각하세요!

extra 뭘 변화시키라는 걸까요? 당신의 삶이니까 your life를 붙이면 되죠.

→ Change your life!

#내 밸런타인이 되어줘!

> Valentine [*발렌타인] <

'내 연인이 되어달라'고 고백하는 말로 '내가 말한 대로 하라'는 것이니 명령 기둥.

do be 그럼 두비를 고민해보죠! '내 연인'은 행동이 아니라, 상태니까, Be.

extra 그의 연인이 아니라 내 연인, 내 밸런타인이 되어달라고 하는 거니까 영어로는

→ my Valentine

→ Be my Valentine!

영어에서는 나라 이름처럼 사람 이름도 고유하다고 하여 대문자로 씁니다. 지금은 그냥 접한다고 생각하세요. 밸런타인은 원래 성인인데 사랑에 관한 설이 많이 전해지고 있어요. 그래서 사랑을 고백하는 2월 14일도 밸런타인데이라고 불리고 있죠.

#숙제해라!

영어에는 '숙제하다'라는 단어가 따로 없습니다.

'먹다'는 eat, '웃다'는 smile처럼 딱 맞아떨어지는 단어가 없죠. 그래서 두비의 가장 기본 단어,
하다 = do를 그냥 사용합니다.

새로운 단어를 안 만들고 가장 기본적인 단어를 사용하는 거죠. 왜일까요?

100년 전쯤 의무교육이 생기면서 대다수 아이들이 집안일을 하는 대신 학교를 다니기 시작합니다.
당시 아이들이 집에서 숙제를 하는 모습은 어른들에게 생소한 일이었기 때문에 '숙제하다'에 해당
하는 단어를 따로 만들지 않고 기본 단어를 쓰게 된 듯해요.

#숙제해라!

do be 시키는 거니까 명령 기둥. 숙제는 행동으로 하는 거죠. → Do

extra Do 먼저 말하고 엑스트라를 붙이면 됩니다. 숙제 → homework
영어에서는 네 숙제, 내 숙제 잘 따집니다. 네 숙제니까! → your homework
→ Do your homework!

#성질 좀 죽여!

> temper [템퍼]=성질 / control [컨트롤] <

상대방한테 그러라고 말하는 거니까 명령 기둥.

do be 성질 죽이는 건 행동으로 할 수 있죠. do 쪽이니까 단어만 그대로
→ Control. 우리는 '죽이다'라는 표현을 쓰지만 영어에서는 control이란 단어를 쓴답
니다. control은 볼륨을 조정하는 것처럼 '조정한다'라는 뜻인데 결국 성질을 조정하라
는 겁니다.

extra 그다음, 무엇을 조정하라고요? 네 성질 → your temper

아래 예문을 보세요. 모두 명령하는 말이니까 두비 먼저 고민해야겠죠? 두비를 선택한 다음에는
생각만 하지 말고 꼭 소리 내어 말해보세요. 그런 다음 엑스트라를 고민해도 충분해요.

#네 머리 좀 써!
head [헤드] / use [유즈]=사용하다

....Use your head!

#내 변호사 불러!
lawyer [로여] / call [콜]=부르다

....Call my lawyer!

#솔직해져라!
honest [어니스트](*h는 묵음)

....Be honest!

#오늘 네 작업 가지고 와.
today [투데이] / work [*월크]=작업 / bring [브*링]=가져오다

.... Bring your work today.

#내 사진 삭제해!
photo [*포토](*ph 발음은 f 발음과 같음) / delete [딜'리~트]=삭제하다

....Delete my photo!

#똑똑하게 굴어.
smart [스마~트]=똑똑한

....Be smart.

46

쉬운 표현이 입 밖으로 빨리 안 나오면 어려운 문장은 아무리 배워도 계속 맴돌기만 합니다. 먼저 쉬운 말들부터 소화시켜서 언제든 쉽게 나오게 연습하세요.

어차피 말로 해야 하니까 말하기 속도도 높이세요. 말하기가 늘면 듣는 것은 같이 좋아지지만 '듣기 공부'만 하면 듣기 중심으로만 좋아집니다.
우리는 아기가 아니고 이미 한국어라는 한 개의 언어를 터득한 바탕이 있기 때문에 말하기를 하면서 동시에 '듣기 실력'도 키울 수 있습니다.

이제부터 나올 예문들은 새로운 내용뿐만이 아니라 앞에서 배운 구조들도 섞여서 랜덤으로 등장할 겁니다. 갈수록 퍼즐처럼 재미있고 속도가 붙을 거예요.

운동할 때 새로운 기술을 하나 배웠다고 해서 전에 배운 기술들을 안 쓰지 않잖아요. 기술이 늘수록 다양하게 돌리면서 익힌 기술들을 연습해야겠죠? 그래야 실전에서도 필요할 때마다 기술들을 고르거나 섞어서 사용할 수 있을 테니까요. 영어도 마찬가지랍니다.
그럼 이제 내 것과 상대의 것을 관찰하면서 스스로 영어로 만들어보세요.

1 03

not

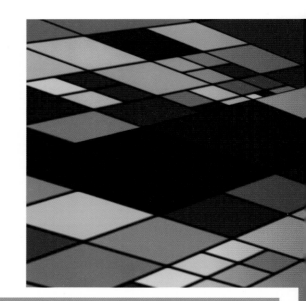

명령 기둥의 부정형입니다.

지금까지 "해라!"라고 말했다면,

이번엔 반대로 "하지 마! 그러지 마!"를

말하는 겁니다.

정말 간단해요. 지금까지 배운 것들 앞에

Don't [돈트]만 붙이면

한 방에 부정으로 바뀝니다.

바로 예문으로 들어가서, 앞에 Don't를 붙여 만들어보죠.
설명도 제대로 안 하고 예문부터 시키느냐고요? 먼저 입에 붙이세요.

#숙제해!

→ Do your homework!

기억하죠? 저번 스텝에서 나왔죠. 생전 처음 본다는 느낌만 아니면 돼요.
이제 새로운 문장! 부정형을 만들어볼까요?

#숙제하지 마!

하지 말라죠? 그러니 무조건 먼저 말하세요. **Don't**
나머지 문장은 순서 그대로 내려오면 됩니다.
… do your homework!

do your homework!
↓
Don't   그대로 내려오기

혹시 앞에 Don't가 온다고 해서,
바로 뒤에 do 빼버리신 분! 절대 그러면 안 됩니다!
똑같이 보인다고 뺐다 썼다 하지 마세요! 그거 빼면 말이 안 됩니다.
똑같이 생겼다고 해서 같은 게 아니에요!
영어는 정해진 구조대로 자기 역할이 있습니다. 굉장히 중요해요!
우리말에서 "배고파서 배를 먹었어요" 문장을 외국인이 보고서,
둘 다 '배'니까 하나 빼야지 하면 말이 전혀 안 되는 것과 비슷한 거예요.
그럼 이제 만들어보죠.

#긴장하지 마!

> nervous [널*버스] <

하지 말라니까 명령 기둥이죠?
하지 말라는 부정형이니까 먼저 말하세요. → Don't
do **be** '긴장하다'는 상태니까 → be
그리고 나머지 단어 nervous를 넣으면 완성이에요.

→ Don't be nervous!

#요가하지 마!

> yoga=요가 <

남한테 하지 말라고 하는 것이니 명령 기둥.

요가는 행동으로 하니까 do 쪽인데 이 단어도 '숙제하다'처럼 따로 단어가 없어요. 인도에서 시작된 단련법이라서 고유한 표현 그대로 '요가를 하다'가 되어버린 거죠. 그래서 기본 단어인 'do'를 사용합니다.

하지 말라고 하는 거니까 먼저 Don't를 말하고, 나머지 do yoga를 그대로 붙이면 돼요.

→ Don't do yoga!

자! Don't 사이에 작은 콩나물 보이죠? '어포스트로피'라고 합니다. 쪼끄만 것이 이름도 거창하죠. 별거 아닙니다. 어포스트로피가 붙어 있으면 '뭔가를 줄였구나'라고 보면 됩니다.

풀어쓰면 Do not이 돼요. 다시 묶으면 Don't가 되고요.

뜻은 같습니다. 기둥들은 온 사방에 쓰이기 때문에, 이렇게 줄여 쓰기도 해요. 한국말도 자주 쓰는 말은 줄이죠? 대한민국은 한국, 외교통상부는 외교부, 카카오톡은 카톡처럼요.

영어는 기둥을 많이 쓰니까 기둥에서 줄이는 겁니다.

우리처럼 형식적인 글에서는 풀어쓰지만, 편하게 사용할 때는 줄여 쓰는 거죠. 대신 줄였다는 것을 보여주기 위해서 위에 '콩나물'을 달아주는 것뿐입니다.

그럼 이번에는 Do not으로 풀어서 말해봅시다.

#숙제하지 마!

→ Do not do your homework!

Don't
Do not

묶어~!

풀어~!

Don't를 풀어쓴 Do not을 넣고,
뒤에 문장은 다시 그대로 붙인 겁니다.
다시 한번 말하지만, 똑같이 생겼다고 do를 지우거나 빼면 절대 안 됩니다!

Do not do your homework!

똑같이 생겼다고
지우면 절대 안 돼!

자, 이제 직접 만들어볼까요?

#걱정하지 마!
worry [워*리]
걱정하는 건 뇌가 하는 거니까 do 쪽입니다.

....Don't worry!

#방해하지 마세요.
disturb [디스'떨~브]

....Don't disturb.

#거만 떨지 마! (거만하게 굴지 마!)
arrogant [아*로건트 / 애*로건트]
앞에서도 말했죠? arrogant의 첫 글자 a는 지역에 따라 '아'로도 '애'로도
발음됩니다. 편한 대로 골라 쓰세요.

....Don't be arrogant!

#무례하게 굴지 마!
rude [*루드]

....Don't be rude!

이렇게 문장을 계속 말하다 보면 나중에는 자연스레 어떤 단어가 be 고 do 인지 알게 될 거예요. do와 be의 차이를 한 번 더 깊게 접해보고 정리하죠.

자신감을 가져!

우리가 많이 쓰는 말이죠. 많은 분이 Have 로 먼저 말할 거예요. '가지다'는 뜻의 단어는 have가 맞죠.
#Have confidence[컨*피던스]!
라고 하면 자신감 즉 confidence를 가지라는 겁니다.

그런데 영어에서는 이와 같은 뜻으로
Be confident!라고도 표현해요.
너의 상태를 자신감이 있는 상태로 만들라는 거죠. 적절한 우리말 번역은 '자신 있게!' 정도겠지만, 딱 떨어지는 번역은 없는 것 같습니다.

실전에서는 아는 표현을 말하면 되지만 be로 시작되는 표현도 많이 쓰이니 미리 접해두세요. 앞으로 가이드에서 여러분이 표현한 문장과 다른 문장이 나오면 이런 차이로 이해하고 그 이유를 스스로 파악해보세요.
그럼 이제 Don't를 사용해서 다양한 명령 문장을 만들어 스스로 연습해보세요.

104
접속사

and라고 하면 '**그리고**'라는 뜻으로 많이들 알죠?
우리는 응용력을 높이기 위해 더 넓게 보도록 할게요.
and는 간단하게 끈이라고 생각하면 쉽습니다. 말대로 **뭔가 연결시켜줄 때 사용하는 끈** 말이죠.

이것만 기억하세요!
어떤 것이든 같은 그룹으로 나열해서 묶고 싶은 것들은 and로 묶으면 된다는 것!

이솝우화 《토끼와 거북이》에서 '와'도 영어로 바꾸면 and니까 '토끼 그리고 거북이'라고 해도 틀린
건 아니겠죠? 더 자연스러운 표현이 '토끼와 거북이'인 거죠. 외국어를 배울 때는 글자로 떠올리지
말고 이미지, 그림으로 상상하세요. 그편이 훨씬 효과적입니다.
우리말은 참 다양한 표현이 가능하죠?

소금 그리고 후추.
소금이랑 후추.
소금과 후추.
이 세 가지를 글자로 보지 말고 머릿속으로 상상해보세요.

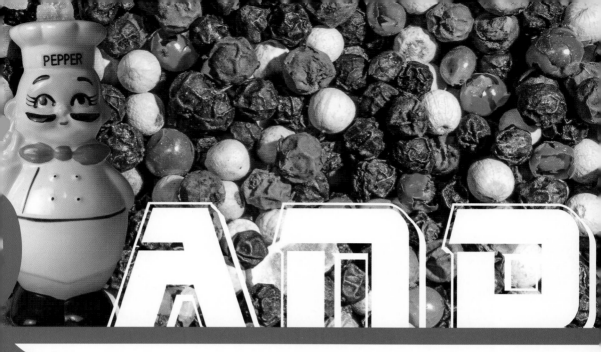

셋 다 결국 같은 이미지가 떠오를 거예요.
소금, 후추, 이 두 양념을 하나로 나란히 연결시킨 모양뿐이죠.
영어에서는 모두 salt and pepper [솔트 앤 페퍼]로 통일돼요.
이렇게 간단한 'salt and pepper'조차도 우리말로는 세 가지의 다른 표현이 있는데
문장이 조금만 복잡해지면 얼마나 다양한 변형이 나올지 짐작이 가나요?
그러니 이미지로 상상하세요. 표현이 어떻든 뜻이 같다면 이미지는 동일하거든요.

이 and를 설명하려고 등위접속사 같은 문법 용어로 분리하는데 그렇게까지 할 필요는
없다고 봅니다. 그런 용어를 몰라도 쉽게 알 수 있거든요.
이미지로 상상하는 것을 visualise [*비쥬얼라이즈]라고 합니다.
"비전 [*vision]이 있네"라는 말 많이 쓰잖아요. 그 비전에서 만들어진 단어예요.
Visualize! 철자 맨 뒤는 se든 ze든 둘 다 맞아요.

자! 소금, 후추는 그냥 단어를 나열한 것,
소금과 후추는 서로를 연결시킨 것이니 and로 묶는다는 것 → salt and pepper
쉽죠? 이제 직접 만들어보세요.

#빵과 우유
bread [브*레드] / milk

.... Bread and milk

#금과 은
gold / silver

.... Gold and silver

#제 어머님과 댁 어머님
mother (mom)

.... My mother and your mother

#이성과 과학
reason [*리즌] / science [싸이언스]

.... Reason and science

#내 자동차랑 네 차
car

.... My car and your car

#톰과 제리
Tom / Jerry

.... Tom and Jerry

이제 조금 응용해서 문장을 좀 더 길게 만들어볼까요?

여기 와서 앉아!

어렵게 생각할 필요 없어요. Visualize! 상상해보세요.

행동이 두 가지죠. 처음에는 여기 와야 하고, 두 번째는 앉으라는 겁니다.

소금, 후추 같은 단어 말고 기둥 문장도 같은 방식으로 묶어주면 돼요.

(1) 여기 와!   (2) 앉아!

이렇게 나눠 생각하면 돼요.
둘 다 상대에게 하라는 명령 기둥이죠.

#여기 와!   → Come here!

#앉아!   → Sit!

#여기 와서 앉아!

            → Come here and sit!

여기서 and를 빼면 "여기 와. 앉아"라고 말을
한 것뿐이지 "여기 와서 앉아" 하고 연결해서 한
말은 아닌 거예요. 보면 문장에 '그리고'란 말이
없는데도 and가 들어갔죠?
그래서 외우지만 말고 사용법을 기억하라는 겁니다. 어떻게?
and는 '같은 그룹으로 묶는 끈'
그러면 나중에 어떤 문장이든 필요한 순간에 여러분 스스로 and를 꺼내 사용하게 될 겁니다.
그럼 또 다른 문장을 만들어볼까요?

#용서하고 잊어버려!

명령 기둥이죠? "용서해!", "잊어버려!" 이 두 문장을 하나로 엮었어요.
그럼 and 끈으로 묶으면 해결되겠죠?
'용서하다'는 행동이니까 do 쪽. 단어는 forgive [*폴기*브].
감정을 실어서 말해보세요, 용서해! → Forgive!
그다음 잊는 것은 뇌가 작동하는 거니까 do 쪽. 단어는 forget [*폴'겟].
말해볼까요? 잊어버려! → Forget!
이제 둘을 연결해서 말해보세요. → Forgive and forget!

이렇게 나란히 묶고 싶은 말은 아무거나 and로 묶으세요.

문장을 좀 더 다양하게 만들어볼까요?

#멈추고 생각 좀 해!
stop / think

.... Stop and think!

#가만히 앉아서 조용히 해!
still [스틸]=가만히 있는 / quiet [쿠와이어트]

.... Sit still and be quiet!

#비틀어서 돌리세요.
twist [트위스트] / turn

.... Twist and turn.

#설탕하고 버터를 섞으세요.
sugar / butter / mix [믹스]=섞다

.... Mix sugar and butter.

#가서 놀아!
go / play

.... Go and play!

#와서 네 언니 좀 도와줘라.
come / sister / help

.... Come and help your sister.

#내 이름 읽어.
name / read

.... Read my name.

이제 조금 여러 형태를 살펴볼게요.

#가서 네 일 해!
"가!" 그리고 "네 일 해!"가 연결된 문장이죠?
그런데 이 문장은 두 가지로 표현이 가능해요.
#가!   → Go!
#네 일 해!   → Do your work!
두 문장을 연결해서 #가서 일해!
→ Go and do your work! 또는 → Go and work! 이렇게도 쓸 수 있어요.

work는 '일'도 되고 '일하다'도 되죠?
do 자리에 들어가도 되고 엑스트라 자리에도 들어갈 수 있어요.
#Work!   → 일해!
#Do your work!   → 네 일을 해!
두비 위치냐, 엑스트라 위치냐에 따라서 바뀌는 거예요. 영어가 이래요.
하나 더 볼까요?

#Face your fear!
face는 '얼굴'이라고만 생각하는데, 여기서 face는 명령 기둥입니다.
두비 자리에 'face'가 들어갔으니 'face를 하라!'고 명령하는 거죠. 뜻은 '대면해라'입니다.
무엇을 대면하라는 걸까요? 바로 엑스트라가 나오죠. your fear는 '너의 두려움'이라는 뜻이에요.
"Face your fear!"는 "너의 두려움을 직시하라!"는 거지, 얼굴이란 뜻이 아니죠?
그래서 무작정 단어를 외우는 것보다 위치를 아는 것이 훨씬 중요해요.

그럼 마지막으로 부정형 Don't를 정리할게요.
#술 마시지 마!   → Don't drink alcohol!
간단하게 "Don't drink!" 해도 됩니다. 마시지 말라는 것이 술인지 뻔히 보일 때 써요.
#운전하지 마!   → Don't drive! 어렵지 않죠?
두 기둥 문장을 연결해서 쓰면 이런 뜻이 되겠네요.
#술 마시고 운전하지 마!
                         → Don't drink and don't drive!

부정이 반복되는 문장이니까 뒤의 don't는 생략해도 됩니다.
                         → Don't drink and drive!

105

소유격

her + his

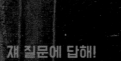

베이비 스텝.

영어로 아래와 같이 말해보세요.

#내 질문에 답하지 마!
> question [쿠웨스천] / answer [앤써] <
→ Don't answer my question!

Don't를 풀면?

→ **Do not answer
my question!**

쟤 질문에 답해!

새로운 게 나오네요. 내 질문 말고 **쟤** 질문! 대화하고 있는 상대방이 아닌 다른 누군가를 가리킬 때는
"**쟤** 질문, **얘** 질문, **걔** 질문" 등등 우리말로 다양하게 변화되죠.
거기다 우리는 존댓말 때문에, "**저분** 질문, **그분** 질문, **이분** 질문"으로 표현이 더 많아집니다.
영어에는 존댓말이 없기 때문에 어른이건 아이건 언어에 차이가 없습니다.
그럼 누구건 간에 전혀 차이가 없을까요?
아뇨, 다른 부분이 있습니다. 바로 여자와 남자 사이입니다. 우리가 '쟤'라고 말할 때는 그 사람이 여자인지 남자인지 구분할 수 있잖아요? 굳이 '그녀'라고 하지 않아도 변장하지 않은 이상 여자인지 남자인지 알 수 있겠죠.

'재 질문' 할 때 재가 여자라면 her [헐] question

'재 질문' 할 때 재가 남자라면 his [히즈] question

그래서 #얘(남) 질문에 답해!
→ Answer his question!
간단하죠? 이제 직접 말해보세요.

#내 질문   → my question
#네 질문   → your question
#재(여자) 질문   → her question
#재(남자) 질문   → his question

영어에서 이렇게 her bag, your car, his bike 같은 표현을 자주 사용하는 이유는 같은 단어를 반복하는 것을 좋아하지 않기 때문입니다. 설명할게요.

> "엄마! 엄마 차 빌리면 안 돼요?"
> "남자 친구랑 놀러갔다가, 남자 친구 자전거가 고장 나는 바람에 끌고 왔어요."

이 말들이 우린 어색하지 않죠?
엄마한테 엄마 차 빌리는 것이니 당신 차라고 할 수 없고, 내 자전거가 아니었으니 다시 남자 친구 자전거라고 해서 남자 친구라는 단어를 쓰는 것이 자연스럽잖아요.
하지만 영어는 이렇게 방금 '엄마, 남자 친구'라는 말을 해놓고 다시 그 단어를 반복하면 어색해합니다. 그래서 두 번째로 나오게 되는 엄마 차 혹은 남자 친구 자전거를 her car, his bike로 바꿔서 말합니다. 이제 직접 만들어보세요.
주의: 문장이 길어지면 한국어 순서대로 가기 쉬운데 무조건 명령 기둥 구조대로 만드셔야 해요!

#개(남) 자격증 확인해봐.

> 자격증은 qualification [퀄리*피'*케이*션] 좀 길죠? <
> '확인하다'는 check [첵크] <

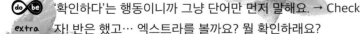

확인해보라는 거니까 명령 기둥이니 두비만 고민하면 되겠죠?
'확인하다'는 행동이니까 그냥 단어만 먼저 말해요. → Check
자! 반은 했고… 엑스트라를 볼까요? 뭘 확인하래요?
개 자격증. '개(남)'라고 되어 있죠. 개가 남자니까 → his qualification
→ Check his qualification.

쉽죠? 머릿속에서 정확한 문장을 다 만든 후 말하려 하지 말고 일단 아무 소리나 바로 뱉으세요.
잘 떠오르지 않으면 "음… 어…" 하면서 시작하세요.
듣는 상대를 배려하며 말하세요. 언어는 소통입니다.
"음… Check… 어… his… qualification!" 하며 천천히 말하세요. 지금은 어색해도 점차 익숙해질 거예요.

#걔(남) 친구 하지 마.
friend

.... Don't be his friend.

#걔(여) 펜 망가뜨리지 마!
pen / break [브*레이크]

.... Do not break her pen!

#멍청하게 굴지 마!
stupid [스튜~피드]

.... Don't be stupid!

#걔(여) 노예가 되지 마.
slave [슬레이*브]

.... Don't be her slave.

#걔(남) 핸드폰 압수해.
phone / confiscate [컨*퓌스케잇]

.... Confiscate his phone.

#그분(여) 오빠랑 결혼하지 마!
brother / marry [메*리]

.... Don't marry her brother!

#슬퍼하지 마.
sad

.... Don't be sad.

영어 발음 신경 쓰는 분들!
리스닝 자료를 들을 때마다 섀도잉 기법으로
해보세요. 큰 도움이 될 겁니다.
하지만 솔직히 해외에서 영어를 해보면, 프랑
스 사람은 프랑스 악센트가 들어간 발음을 하
고, 독일인은 독일 발음이 들어간 영어를 합니
다. 어느 나라 사람이든 다 그렇게 당당하게
모국어 악센트를 드러내며 영어를 합니다. 워
낙 자연스러운 것인데, 한국에서는 한국인 발
음을 없애버리고 아예 원어민 식으로만 발음
하려는 경향이 있죠.

외국인이 봤을 때는, '한국어의 악센트가 부끄
럽나? 자기 나라 언어가 부끄럽나?'라는 생각
이 들 수 있습니다. "내 발음은 한국인 발음 같
아"라고 말하면, 외국인 입장에선 "당연히 너
가 한국인이니까"라고 바라보게 되는 거죠.

원어민 같은 발음이 아닌 한국인의 악센트로
영어를 하는 것은 수치가 아닙니다. 오히려 그
것에 손가락질하는 것이 생각이 짧은 행동일
수 있죠. 반기문 전 UN 총장이나 달라이 라마
의 영어 발음을 들어보셨나요?

여러분도 여러분의 영어에 당당해지세요.
선택은 여러분의 몫입니다. 좋은 발음이란 액
세서리일 뿐이거든요. 서울 사람이 부산 사람
들과 지내다 보면 부산 사투리를 쉽게 따라 하
듯, 영어도 말이 트이고 나면 발음은 그때부
터 금방 바꾸고 꾸밀 수 있고 변화시킬 수 있
습니다. 그러니 지금은 먼저 말하기 연습에 가
장 집중하세요.

106

부정관사

부정관사

영어에는 한국어에 존재하지 않는 구조도
있습니다. 그런 것들은 틀려도 큰 문제가 되지
않지만 이제부터 예문에서 계속 보일 테니
인지하기 위해 먼저 접해볼게요.

다음 문장을 영어로 바꿔보세요.

#내 전화기 좀 찾아봐!

> phone [*폰] / find [*파인드]=찾다 <
명령 기둥 사용하고,
'찾다'는 행동이니까 → Find
이제 엑스트라만 붙이면 되겠죠?
→ Find my phone!
(*ph는 f 발음과 똑같아요.)
단어만 알면 이제 말로 바로 나오죠?

다른 상황을 볼게요.
길을 가다 전화할 일이 생겼는데, 핸드폰이 없어서 공중전화를 찾아야 해요.

전화기 좀 찾아봐!

여기서는 더 이상 내 전화기가 아니죠. 아무 전화기나 찾으라는 거죠?
그럼 내 전화기가 아니니까 my만 빼면 되지 않나 싶죠? 맞아요, my를 빼는데, 대신 그 자리에 a를 넣습니다.

발음은 "Find a phone![*파인드 어 *폰]"
으로 읽습니다.

저 a를 '셀 수 있는 명사 앞에 들어가는 관사'라고 하는데 정확히 감이 안 잡힐 거예요. 우리말에는 존재하지도 않는 것이거든요. 배운다고는 하지만 정확하게는 모르고 대충 그렇다고 넘어가는 거죠.

자! 이것은 틀려도 괜찮고 깜빡해도 되고 아예 문장에서 다 없어져도 뜻이 전달되는 데는 거의 문제가 없답니다. 그래도 한번 알고 넘어가면 좋으니까 접해보죠.

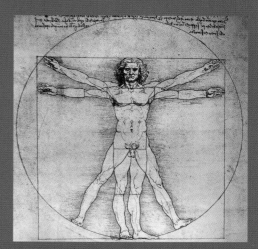

서양에서는 세상을 숫자로 바라보는 것을
좋아합니다. 그것이 언어에 드러나요.
모든 것을 숫자로 분석하다 못해 사람의
몸까지 숫자로 다 분석해놓았습니다.

우리는 당연하다고 여기는 것은 굳이 끄집어
내어 말하지 않거든요. 예를 들어 "사람 눈을
그리세요" 하면 우리는 보통 눈 2개를 다 그립
니다. 영어에서는 "눈을 그리세요" 하면, "눈들
이 아닌, 눈이랬으니까" 하고 외눈 도깨비처럼
눈 한쪽만 그립니다. 그래서인지 서양 영화
포스터에도 한쪽 '눈'만 덜렁 있는 것이 많죠.
미국 1달러 지폐에도 한쪽 눈만 그려져 있고요.

이렇게 영어에서는 모든 것을 숫자로 봐서,
하나라고 셀 수 있을 때는 그 말을 해줍니다.
어떤 것이든 셀 수 있으면 '하나'라고 말로 하
는 거죠. 그런데 일일이 one, one 하는 것은
불편하니 바꿉니다. 바로 영어의 가장 첫 번째
알파벳인 a로 대신하는 거죠.

시작을 상징하는 문자 a는 실제 말할 때 [어]
대신 [에이]라고도 발음합니다.
"Find a phone!"도 [*파인드 '에이' *폰]
이렇게 발음하기도 해요.

자, '세상에 셀 수 있는 것들이 얼마나 많은데 일일이 a를 붙이라는 거지?' 싶을 겁니다.
컴퓨터에 대해 말하는데 a computer, a keyboard, a mouse 등등 다 a를 앞에 붙여야 하나 싶죠?
→ 네. 그렇게 합니다.
영어가 갑자기 이상해 보이나요? 잠깐 샛길로 빠져보죠.

영어권 국가에서 가장 오래된 대학교는 옥스퍼드 대학입니다. 옥스퍼드 대학의 영어학과는 세계
최고의 영어학과로 불리는 곳 중 한 곳입니다. 세상에서 제일 큰 영어 사전도 옥스퍼드 대학 출판사
에서 나왔습니다. 그럼 이 옥스퍼드 대학은 어디에 있을까요? 영국에 있습니다.

지금은 영어가 전 세계 공용어잖아요. 하지만 원래 영어는 영국의 언어죠. 그래서 '영'어고요.
한국어는 Korean 한국은 Korea, 영어는 English 영국은 England.

그럼 미국은 왜 영어를 쓸까요?
미국에 사는 많은 사람은 유럽인들이 건너간 것으로 그리 오래전 일도 아닙니다.
조선왕조시기보다 더 짧죠. 그래서 미국의 역사는 짧습니다. 미국이 영국에서 독립하겠다고 싸울
때 미국에 살던 인구의 75%가 영국에서 건너온 사람들이었답니다. 거의 자기들끼리 싸운 거죠.

미국을 세운 '건국의 아버지' 총 55명이 다 영국 후손들이었고 그중 미국 대통령이 된 인물들부터
지금까지 대부분 대통령들은 영국인의 후손이 많습니다.
이제 왜 이 두 나라가 영어를 쓰는지 이해되시죠?

미국이 약 240년 전쯤 영국에서 독립한 후 100년이 지나 100주년 기념일을 축하해주기 위해 프랑스가 미국에 보낸 선물이 바로 '자유의 여신상'이랍니다. 영국으로부터의 자유인 거죠. 여신상 발밑에 보면 끊긴 사슬이 있다고 해요. 그럼 프랑스는 왜 선물을 했을까요?

프랑스는 영국의 라이벌이었습니다. 미국의 독립을 도와준 것도 프랑스였죠.
미국. 새 국가, 새 인생을 시작하기 위해 배를 타고 큰 대서양을 건너 마주했던 첫 상징이 자유의 여신상이고, 그 배들 중 유명한 배가 바로 '타이타닉'입니다. 이후 두 번의 세계전쟁까지 치르면서 영국인들 중 약 1,000만 명이 미국으로, 500만 명이 캐나다로 이민을 더 갔답니다.

그럼 영국 옥스퍼드 대학 출판사의 영어책을 인용해볼게요.

"The correct use of the articles is one of the most difficult points in English grammar.
Fortunately, most article mistakes do not matter too much. Even if we leave all the articles
out of a sentence, it can usually be understood."
By Michael Swan-*Practical English Usage*, Third Edition, page 55.
Oxford University Press.

이 '관사(= a)'를 제대로 사용하는 것은 가장 어려운 영문법 중 하나이다. 다행히 관사를 틀리게 사용한 대부분의 실수들은 그리 문제가 되지 않는다. 문장에서 모든 관사를 다 없애버린다고 해도 대개 이해할 수 있다.
-마이클 스완

이래서 편하게 보라는 겁니다.

그럼 구경해보죠.
알아야 할 것은 하나!
a door를 보면 머릿속에서 아무 문짝 하나만 딱 떠올리면 됩니다.
그럼 알아야 할 것은 다 아는 거예요. 적용해보죠.

#방 하나 예약해.

> room / book <

 두비를 빨리 결정해요! 말한 대로 하라는 거니까 명령 기둥.

 두비를 보니 '예약하다'는 행동이고 영어로는 → Book

book은 '책' 아니냐고요? 두비 위치에 book을 쓰면 '예약하다'라는 뜻입니다. 예약할 때 '책'에 기록하니까 단어를 재활용한 것 같아요.

extra 그다음, 방을 예약하라고 했죠? 방은 셀 수 있으니까 앞에 a를 붙이고 room 하면 됩니다. → a room

→ Book a room.

조심하세요!
Be a room! 하면, Be = a room이니 나보고 방이 되라는 겁니다.
Be a book! 하면 Be = a book이니 "책이 돼"라고 말하는 거고요.

#사내답게 굴어!

> man <

이런 말 쓰죠? 영어로는 **"남자가 되라!"**라고 말합니다.

 명령 기둥이죠?

 남자가 되는 것은 행동이 아닌 상태니까 → Be

extra 남자는 한 명, 두 명 셀 수 있으니 앞에 → a man

→ Be a man!
실제 많이 쓰이는 말이니 기억해두세요.

이제 거꾸로 영어 문장을 먼저 볼까요?

#Don't be a chicken!

Don't로 시작하니까 명령 기둥에서 부정이고, 하지 말라는 거죠?
무엇을 하지 말라는 걸까요?
'be a chicken' = 닭이 되지 말라는 거예요. 무슨 말일까요? 바로 **겁내지 말라**는 뜻입니다. 왜?
닭은 무서우면 도망가서 모래에 머리만 박는다고 하잖아요. 현실도피죠. 그래서 누군가에게 "chicken!" 하면 "겁쟁이!"라고 말하는 겁니다. 어떨 때는 "꼬꼬~꼬꼬~~" 하며 그냥 닭이 우는 소리를 내기도 한답니다.

#쫄지 마!

→ Don't be a chicken!
자주 하는 말입니다.

이제 연습해보죠!

#인종 차별주의자가 되지 마!
racist [*레이씨스트]

.... Don't be a racist!

#멈추고 집중해!
stop / focus [*포커스]

.... Stop and focus!

#소송 제기해!
lawsuit [로수트]=소송 / file [*파일]

.... File a lawsuit!

#걔(남) 사촌이랑 데이트하지 마!
cousin [커즌] / date

.... Don't date his cousin!

#거짓말쟁이가 되지 마!
liar [라이어]

.... Don't be a liar!

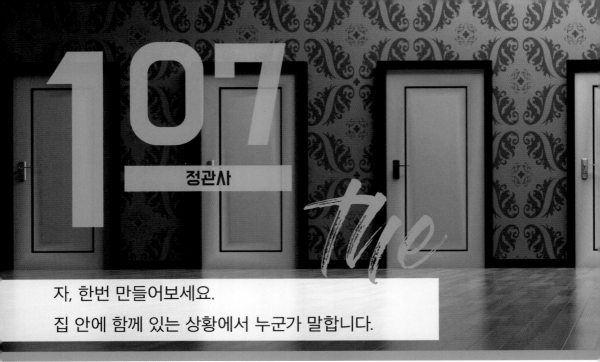

107 정관사 *the*

자, 한번 만들어보세요.
집 안에 함께 있는 상황에서 누군가 말합니다.

"문 닫아!"

#내 문은 my door, 그냥 #문은 a door죠? a door면 그냥 아무 문이나 뜻해요.
하지만 이번엔 아무 문이 아닙니다. 집 안에서 "문 닫아!" 하면 아무 방문이나 하나 닫으라는 뜻이
아니라, 특정한 문을 닫으라는 거겠죠. 이럴 때는 a door가 the [더] door로 바뀝니다.
별거 아니고 그냥 영어 규칙이에요. 역시 한국어에는 없지만 중요치 않으니 편하게 보세요.

소파에서 전화기가 계속 울리는데, 주인이 전화를 안 받아요.
#야! 네 전화 받아!

→ Answer your phone!

그런데 자기 전화가 아니라네요. "알게 뭐람! 그냥 받아!" #전화 받아!
이렇게 다시 "전화 받아!"라고 할 때는 상대방 전화기가 아니라니 더 이상 your phone이라고 할 수
없죠. 그러면 다시 a phone일까요?
만약 a phone이라고 하면, 아무 전화기나 말하는 것이니 안 울리는 전화기를 붙잡고 장난으로
"여보세요?" 해도 틀린 것이 아닙니다. 하지만 서로 함께 알고 있는 지금 울리는 전화를 말할 때는
다른 전화기들과 분류해서 'the [더]' phone이라고 하는 겁니다.

→ Answer **the** phone!

보통 the를 '그~'라고만 기억하는데 위를 보면, "그 전화 받아!"라고 안 했죠? 그러니 번역 말고
감으로 익히세요. 한 번 더 비교해보죠.

상황 1) "왜 차 없이 다녀? #차 사!"
차에 관심이 없는 저한테 친구가 이렇게 말했다면 세상에 존재하는 자동차 아무거나 한 대 사라는
거겠죠. 자동차는 셀 수 있으니 a car   → Buy a car!

상황 2) "그만 고민하고 #차 사!"
친구가 툭하면 마음에 둔 차에 대해 설명해서 이렇게 말했다면, 아무 차나 한 대 사라는 게 아니죠?
마음에 둔 그 차를 사라고 하는 거잖아요.
그래서 a car라고 하지 않고 the car로 바꿔서   → Buy the car!

적응하는 데 시간이 걸릴 겁니다. 중요한 것은 아니니 편하게 직접 만들어보세요.

연습

(동료에게) #공 차봐!
ball / kick [킥]

.... Kick the ball!
(친구에게 문자로) #축구공 가지고 와.
football / bring [브*링]

.... Bring a football.
(잠긴 방문 앞에서) #문 열어.
door / open

.... Open the door.
#내일 가서 애(여) 선생님 만나봐.
tomorrow / go / teacher / meet=만나다

.... Go and meet her teacher tomorrow.

108

Prefix : er

이번 스텝에서는 단어 암기에 도움이 되는 팁을 드릴게요.

#가르치다는 영어로? → teach, 그러면
#선생님은? → teach**er**   뒤에 er이 붙은 거죠?

많이들 알죠?
영어는 **그 행동을 하는 사람이나 도구**를 말할 때 그 해당
단어 뒤에 꼬리 ~er을 붙이는 경우가 많습니다.

같이 만들어볼게요.

웨이터 한 명 고용해라.
> hire [하이어] <
행동이니 두비에서 do 쪽이죠?
단어만 말하면 되니까 → Hire
웨이터는 '기다리다'라는 뜻의 영어 wait에서
나온 단어예요.
웨이터들은 부르기 전까지 기다리고 있잖아요.
→ Hire a waiter.

네 옷 좀 걸어!
'뭔가를 걸다'라는 뜻의 영어는 hang [행],
옷은 clothes [클로우즈]
그럼 hang 뒤에 er을 붙이면 '거는 사람' 아니
면 '거는 물건'을 말하겠죠?
우리는 봉으로 만들어진 옷걸이를 '행거'라고
부르지만 영어에서 'hanger [행어]'를 달라고
하면 봉이 아닌 '옷걸이'를 줍니다.
직접 만들어보세요.

#네 옷 좀 걸어!
→ Hang your clothes!

#네 옷 접지 마!
옷걸이 사용해!
일단 하지 말라니까 Don't로 시작!
> fold [*폴드]=접다 / use [유즈]=사용하다 <
→ Don't fold your clothes!
Use a hanger!

**꼬리처럼 붙는 er은 이런 식으로 사람 말
고 물건에도 붙일 수 있어요.**

그럼 꼬리가 er로 끝나는 단어들은 무조건 다
이렇게 이해하면 될까요?
아뇨! 이 꼬리도 라틴어에서 시작해 영어에서
재활용되는 겁니다. 한국어도 중국어와 밀접
하듯이, 영어는 라틴어와 밀접하답니다.

우리가 쓰는 말에도 한문을 기초로 만들어진
단어가 많잖아요. 20년 전까지만 하더라도,
한국에서 발행되는 신문은 대부분 한문이 사
용되고 세로로 쓰였죠. 한자어를 보면 단어끼
리 연관성이 잘 보입니다. 인간, 인구, 인격 같
은 단어는 사람을 뜻하는 '사람 인(人)'이 들어
가서 뜻을 알 수 있어요. 하지만 같은
한글 '인' 자가 들어가는 단어라고 해서 모두
다 사람과 관련된 단어는 아니잖아요. 예를 들
어 '인강을 봐야지' 할 때의 '인강'은 인터넷 강
의를 줄인 말로 여기서 '인'은 인터넷을 말하
니까요.
꼬리 er도 같은 이치예요. 시간이 흐르면서
새로운 단어들이 많이 생기기 때문에 하나의
룰만 적용해서는 힘들어요. 그래도 10개 단어
중에 7개 정도는 상상해서 알아맞힐 수 있으
니, 도움은 되겠죠?

마지막으로, 로뎅의 작품 〈생각하는 사람〉
은 영어로 어떻게 말할까요?
The Thinker랍니다.
'생각하다'라는 단어 think 뒤에 er을 붙인 거
죠. 사상가도 thinker라고 한답니다.
그래서 로뎅 작품 이름은 앞에 The를 붙여 일
반 '사상가'가 아닌 로뎅의 '그 생각하는 사람'
이라고 분류한 거랍니다.

1O9

자, 다음 문장을 살펴볼까요.

#앉아!

"Sit!" 하면 되는데 "Sit down!" 한 분들 많죠?
여기서 down은 무슨 뜻일까요?
요것은 쪼끄만 껌 같다고 여기시면 돼요.
'밑으로, 아래로'라는 뜻이 있습니다. 앉으라는
건데, 아래쪽으로 앉으라는 거죠.

아니, 앉으면 당연히 아래쪽으로 앉지, 위로
앉기도 하느냐고요?
그럼 이 말은 어떠세요?

#Sit up!

up은 down의 반대말로 '위쪽으로, 위로'라
는 뜻입니다. Sit up! 문장에서 단어는 다 알겠
죠? 그럼 무슨 뜻일까요?
'일어서?' "Sit"이라잖아요! 앉으라는데?

'Sit up'은 허리 펴고 앉으라는 뜻입니다.
다시 말해

똑바로 앉아. 제대로 앉아!
허리를 펴보세요, 몸이 위로 올라가죠?
→ Sit up!인 거예요. 재밌죠?

이렇게 down이나 up은 작은 껍딱지 같은 단어로 여기저기 껌처럼 붙여 쓰여요. 정말 많이 쓰이는데, 느낌으로 알면 재미있는 단어들입니다.

"Sit down!"도 맞는 말이지만 대신 down이 있어서 '아래로'라는 뜻이 강해집니다.
예를 들어, 영화관에서 다들 sit 하고 있는데 앞에 누가 일어났어요.

이럴 때 "Sit down!"을 해주면 정확하게 감정이 전달되죠. "앉아요!"
물론 "Sit!"도 되지만 몸을 밑으로 내려앉게 하고 싶으니 down을 붙이면 느낌이 더 세게 전달되는 겁니다.
다음 문장들을 만들면서 껍딱지들을 느껴보세요.

알아맞혀!
> guess [게스] <
명령 기둥!
뇌로 하는 일이니까 두비에서 do 쪽, 단어만 말하면 돼요. → Guess!
보통 guess를 '추측하다'라고만 생각하는데, '알아맞히다'라는 뜻으로 일상에서 많이 쓰여요.

내 나이 알아맞혀!
> age [에이쥐] <
　　　　→ Guess my age!

이번에는 무슨 뜻인지 알아맞혀 보세요!
Drink up!

무슨 뜻일까요? "Drink!"는 "마셔!"란 말인데 "Drink up!"이니 위로 마시라는 걸까요?

쭉 다 마시라는 겁니다. 끝까지 다 마시면 컵이 위로 올라가죠? 그래서 up!

다 마셔!
　　　　→ Drink up!
쭉 다 마셔!
　　　　→ Drink up!
네 주스 다 마셔라!
　　　　→ Drink up your juice!

또 다른 문장을 볼게요.
"유턴해주세요!"라는 말 많이 하죠? 'U-turn'은 영어입니다. 원래 turn 뜻에는 '**회전**'도 있습니다. U-turn은 U 자 모양의 회전인 거죠. 문장을 만들어보세요.

유턴해주세요!
　　　　→ Do a U-turn! 하면 돼요.

그럼 turn이 위치가 바뀌면 어떻게 변형되는지 확인하면서 다음 문장을 말해보죠.

#Turn down the volume!

앞의 turn은 '회전'이란 뜻이었죠. 여기서는 두비 자리에 나오면서, 더 이상 '회전'이 아닌 '회전시켜라'가 됩니다. 위치가 바뀌니까 뜻이 변형되죠. 이래서 영어는 기둥의 구조를 아는 것이 중요합니다.

"Turn down!" 명령이죠.
Turn - 회전시켜라   down - 밑으로

'밑으로 회전시켜라', 무슨 뜻일까요?
음악 소리를 낮추라는 겁니다. 옛날 스테레오를 보면 볼륨 버튼이 돌리는 거였어요. 그러니 회전시켜서 음량을 낮추라는 얘기죠.

우리말로는 '소리를 줄이다' 같은 표현이 더 잘 어울리겠지만 영어에서는 왜 'turn(회전하다)'을 쓰는지 이해하시겠죠?

또 볼게요.

친구가 옆에서 영어로 통화를 하다 이렇게 말했어요.
#Don't hang up!

무슨 뜻일까요? hang을 하지 말라니, hang은 '걸다'라는 뜻이었는데 뭘 걸지 말라는 걸까요? up이니까 위쪽으로 걸지 말라는 뜻일텐데요.

이때 뒤에 'my coat'처럼 구체적인 단어가 안 나오고 전화 통화하면서 **"Don't hang up!"** 이라고 하면 **"끊지 마!"**라는 뜻입니다. 만들어보세요.

#전화 끊지 마세요.
→ Don't hang up the phone.

영어에는 존댓말이 없으니 똑같이 말하면 됩니다.
옛날 전화기는 수화기를 위에 걸쳐 놓는 방식이라서 전화를 끊으려면 위로 올려 걸어야 했어요. 'hang up'이 되어야 전화를 끊을 수 있었죠.

단어를 잘 안다고 생각해도, 이렇게 다른 뜻을 지닌 단어들이 있어요. 이런 것을 '이디엄(idiom)'이라고 하는데 영어에서 자주 쓰이니까 앞으로 다양하게 계속 익혀나갈 겁니다.

자, 껌딱지 재밌죠? 정말 '위', '아래' 느낌이 나는 곳에 들어가요. 아직 단어를 많이 몰라도 곧 영어에 이런 껌딱지들을 넣어서 술술 말하는 경험을 하시게 될 거예요. 마지막으로 껌딱지를 넣어서 직접 말해보세요.

(담장 위에서 못 내려오고 있는 친구에게)
#점프해서 내려와!
→ Jump down!
굳이 이쪽으로 오라는 뜻으로 come 같은 단어를 쓸 필요 없이 껌딱지로 간단하게 해결했어요. 껌딱지의 위력, 대단하죠?

#똑바로 앉아 집중해!
focus [*포커스]=집중하다

.... Sit up and focus!

#아기처럼 굴지 마! 쭉 마셔!
baby [베이비]

.... Don't be a baby! Drink up!

#올라와!

.... Come up!

#자라라! (철 좀 들어!)
grow [그*로우]=크다

.... Grow up!

#무기 내려놓으세요.
weapon [왜폰]=무기 / put [풋]=놓다

.... Put down your weapon!

#아래 보지 마!
look [룩]=보다

.... Don't look down!

#깡충깡충 뛰지 마!

.... Don't jump up and down!

마지막으로 껌딱지들이 재활용되는 것을 잠깐 확인할 겁니다. 뻔한 거니 그냥 읽어보세요. 언덕길에서 누군가 은행 위치를 물어요. 은행은 길 아래쪽에 있습니다.
아래는 아래인데, 길 아래쪽이니까
아래쪽으로 가세요.
→ **Go down the road.**
down 껌딱지를 가져와서 쉽게 재활용하죠.

'길 아래쪽'의 반대는 어떻게 말할까요? 너무 뻔한가요?
#길 아래쪽   → down the road
#위쪽 길   → up the road

그럼 같이 만들어볼까요?
#당신 차를 운전하지 마세요!
    → Don't drive your car!
#당신 차를 위쪽 길로 운전하지 마세요!
    → Don't drive your car
        up the road!
쉽죠? 그냥 엑스트라처럼 필요한 곳에 붙이면 됩니다. 먼저 두비가 탄탄해지고 나면 그 이후에 자연스럽게 익혀질 거예요.
껌딱지들은 상상할 수 없을 만큼 자주 쓰입니다. 코스를 통해 감으로 다양하게 접하는 법을 배우고 나면 나중에는 배우지 않은 것도 스스로 사용하게 될 겁니다!

1
10 number
+ money

숫자(기수)

우리는 언제 숫자를 가장 많이 사용할까요? 아마 돈을 셀 때일 거예요.
그런데 "만 원입니다"도 영어로 바꾸려면 쉽지 않아요. 천 원까지는 알 것 같은데 말이죠.
문제는 우리는 만 원, 10만 원도 일상에서 꽤 자주 사용한다는 겁니다.

우리 돈에 50,000원 권이 있다면, 영국은 50파운드, 미국은 50달러, 유럽은 50유로가 있습니다.
환율 때문에 금액의 차이는 있지만, 각 나라에서 이들 화폐는 비슷한 가치의 역할을 합니다.
다른 나라는 50인데 우리는 50,000이네요. 50에서 공이 3개가 더 붙어요. 다른 나라들에서는
작은 단위의 돈들은 아예 다른 화폐 단위를 사용하기 때문이에요.
가령, 길이를 잴 때 센티미터와 미터의 단위가 있는데 우리가 미터라는 단위 없이 센티미터 하나로
만 길이를 다 말한다면 어떨까요? 숫자가 높이 올라갈 수밖에 없겠죠? 그러니까 이번 기회에 숫자
단위도 더 많이 배워봅시다. 아주 쉬워요.

₩ 원

$ 달러

£ 파운드

€ 유로

1~99까지 표현은 뒤에 준비했으니 모르는 분은 연습하고 오세요.
여기서는 100부터 갑니다. 이제부터 #이 붙은 부분은 전부 영어로 말하세요.

100은 영어로 → hundred [헌드*레드]
one hundred, a hundred [어 헌드*레드]도 됩니다. a도 one의 뜻이라고 했죠?
그럼 #300원은?
                    → Three hundred won
한국 화폐의 ₩[원]은 영어로 won이에요.

천 원 내세요.
천은 1 하고 콤마 찍고 0 세 개 붙죠. 영어는 이 콤마가 정말 중요합니다.
숫자에서 첫 번째 콤마.
그 콤마의 이름은 천!
→ thousand [*싸우전드] (*th 발음 주의! '따'말고 차라리 '싸'라고 발음하세요)

#천 원 내세요.
> pay [페이] <
→ Pay a thousand won.

#3천5백 원을 영어로 바꾸려면 우선 숫자로 적으세요. → 3,500원
콤마 전에 숫자는 3이니 → Three를 말한 다음 콤마 → thousand를 읽으세요. 그럼 3천됐죠?
그다음 나머지도 읽으세요. 500이니,
→ five hundred

3,500원은 3 thousand 5 hundred won. 쉽죠?
이렇게 숫자에서 처음 보이는 콤마는 [*싸우전드]로 읽으면 됩니다. 직접 해보세요.

#2,000원   → 2 thousand won
#5,000원   → 5 thousand won
#9,000원   → 9 thousand won

영어로 8,740원은?
콤마 전에 숫자 8이니 → Eight [에잇트],
콤마 → thousand, 나머지 7백4십에서 7백은 → seven hundred, 4십은 → forty 해서
8 thousand 7 hundred forty

영어는 숫자를 일일이 글자로 다 풀면 멍청하리만큼 말이 길어집니다.

8천7백4십 원
Eight thousand seven hundred forty won
엄청 길죠. 그러니 그냥 숫자로 쓰세요.

이제 만 원 단위 들어갑니다.
이 콤마가 중요하니 기억하세요.
첫 번째 콤마는 항상 thousand, 먼저 천 원은
1 thousand won. 만 원은 그 콤마 앞에 1 대신 10이 있잖아요. 10은 ten [텐]이죠. 그러면 10 하고 콤마 나오니까 thousand 말하면 됩니다. → Ten thousand
이게 바로 '만'입니다.

콤마 앞에 간단히 숫자만 바꿔서 말하면 되죠? 이제 여러분은 숫자를 계속 올릴 수 있는 실력이 생긴 겁니다. 한번 해볼까요?

100
1,000
10,000
Ten
thousand

81

#3만 원 30,000원
→ 30 thousand won

#5만 원 50,000원
→ 50 thousand won

#7만8천 원
78,000원이니까 콤마 앞에 78을 먼저 읽고
→ Seventy-eight [세븐티 에잇]
그리고 콤마 읽으세요. → thousand
→ 78 thousand won

이제 스스로 만들어보고 답과 비교해보세요.
#51,800원
→ 51 thousand 8 hundred won
#95,900원
→ 95 thousand 9 hundred won
#86,712원
→ 86 thousand 7 hundred 12 won
#1,020원
→ 1 thousand 20 won
#1,590원
→ 1 thousand 5 hundred 90 won
#3,763원
→ 3 thousand 7 hundred 63 won
#9,999원
→ 9 thousand 9 hundred 99 won
#10,640원
→ 10 thousand 6 hundred 40 won
#11,500원
→ 11 thousand 5 hundred won

더 올려봅시다. 이번엔 10만 원! 숫자로 적으면 100,000원
마찬가지로 콤마를 중심으로 앞과 뒤를 읽으면 됩니다.
콤마 앞에 숫자는 100이죠.
100은 → 1 hundred
그리고 콤마 읽으면 → thousand
→ 1 hundred thousand won
이게 바로 10만 원이에요.

영어는 숫자가 굉장히 쉬워요. 숫자를 3개 단위로만 잘라서 읽거든요.
보세요. 19만 원을 숫자로 쓰면 190,000원.
콤마 앞에 190을 먼저 읽으세요.
→ 1 hundred 90
그리고 콤마 나오니까 → thousand
이게 다예요.

이 똑같은 룰이 계속 적용됩니다. 아무리 숫자가 길어져도, 콤마 사이에 100
단위만 읽어나가면 되는 거죠.
6십9만4백 원을 숫자로 쓰면 690,400원.
그럼 콤마 전에 690을 영어로 말하고, 콤마 읽고 뒤에 400을 말하면 끝!
이제 스스로 만들어보고 답과 비교해보세요.

#200,000원
→ Two hundred thousand won
#478,000원
Four hundred seventy-eight. 그다음 콤마 읽어서 thousand. 끝!
→ Four hundred seventy-eight thousand won
#960,015원
→ 960 thousand 15 won
#310,500원
→ 310 thousand 500 won
(Three hundred ten thousand five hundred)
#888,888원
→ 888 thousand 888 won
888을 먼저 읽고 콤마 붙이고, 다시 888을 읽으세요.
Eight hundred eighty-eight / thousand / eight hundred
eighty-eight

이제 백만 원

백만을 숫자로 적으면 콤마 2개 들어가죠.
→ 1,000,000
두 번째 콤마에도 이름을 붙여줍니다.
많이 아는 '밀리언'이죠.
두 번째 콤마 = 밀리언. 바로 백만을 말합니다.
밀리언 달러 = 백만 달러,
밀리언 달러 남자 = 백만 달러 남자
숫자 보면 콤마 앞에 숫자는 1이니까
→ one, 그다음 콤마 이름은 → million 끝!

#3백6십9만 7백5십8원!

꼭 숫자로 떠올리세요. 적고 읽으세요.
→ **3,690,758**원
콤마 2개 있죠. 콤마로 나눠서, 그 앞에
100 단위만 읽는 거예요.
첫 번째 콤마 앞에는 3밖에 없으니까 3 읽고
                → three
그다음 콤마 이름은
                → million
그다음 690
                → six hundred ninety
다음 콤마는
                → thousand
다시 나머지 100 단위인 758 읽으면 끝!
→ seven hundred fifty-eight won

전부 100 단위만 고민하고 콤마 이름만 알면 끝이에요!
숫자 중 58은 fifty-eight 해서 중앙에 작대기가 있는데 중요치 않습니다. 10 단위에서 설명해놓았으니 참고하세요.

#5백만 원 → 5,000,000 콤마 앞에
→ 5 million won

#758만 원 → 7,580,000
→ 7 million 5 hundred 80 thousand won

#백만 원 → 1,000,000 콤마 앞에 one!
→ 1 million won

#천만 원

아무리 숫자가 길어져도 같은 방식이에요.
→ 10,000,000
두 번째 콤마 앞에 숫자가 10이죠. 그럼 10을 읽고 두 번째 콤마 이름 million이면 끝!

#천만 원 → Ten million won
쭉쭉 올라갈게요.

#1억 원 대로 오셨습니다. 해볼까요?
1억을 숫자로 쓰면? → 100,000,000
여전히 콤마는 2개니까 변하지 않아요. 콤마 사이가 100 단위로 나뉘죠. 그것만 읽으세요.
첫 번째 콤마 앞에 100이니까 → 1 hundred
그리고 콤마 이름 → million
더 이상 남은 수가 없으니 거기서 끝!
→ 1 hundred million won

#1억 5천만 원 → 150,000,000
첫 번째 콤마 앞에 150을 영어로
→ 1 hundred 50,
그리고 콤마 이름은 million
그다음 아무 숫자 없으니 완료!
→ 1 hundred 50 million won

#10억 → 1,000,000,000
이제야 숫자에 콤마가 하나 더 붙네요.
세 번째 콤마죠. 이 콤마의 이름은 billion
[빌리언]입니다.
우리는 10억이니까 자동으로 10이란
숫자를 떠올리지만, 정작 숫자로 써보면
콤마 앞에 1만 붙는 거 보이죠? 방법은 계
속 같습니다. 콤마 이름만 알면 다 해결되
는 거죠.
30억이면 수로 3,000,000,000.
우리 표현으로는 30으로 시작하지만 숫자
로 보면 콤마 앞에 3만 붙으니 → Three,
그런 후 콤마 이름 → billion
#30억 원 → 3 billion won

그러면 #100억 원이면 뭐겠어요?
숫자로 적으면 마구 길어지죠.
10,000,000,000원이지만 겁낼 거 없어
요. 콤마 사이를 100 단위씩 읽어내면 끝
이에요!
콤마 앞에 10 읽고 → Ten,
세 번째 콤마니까 이름은 → billion
100억 원 → 10 billion won

자! 기억하세요.
영어에서는 숫자를 다 100 단위로만 읽어
나가고, 콤마 이름 3개만 알면, 천억 원까
지 이제 금방 갈 수 있는 겁니다!

{참고} 1부터 99까지 영어 표현

발음에 유의하면서 1부터 10까지 말해볼까요?
원, 투, *쓰리, *포, *파이브, 식스, *세븐, 에잇, 나인, 텐. (* 별표가 있는 것들은 발음 조심)
수에서 스펠링은 중요치 않으니, 지금은 말부터 익힐게요!

1부터 10을 순서대로 연습하지 말고, 랜덤으로 영어로 빨리 말해보세요.
홀수 = odd [오드] number
#1, 3, 5, 7, 9

짝수 = even [이*븐] number
#2, 4, 6, 8, 10

거꾸로! 10, 9, 8, 7, 6, 5, 4, 3, 2, 1
랜덤으로! 1, 4, 6, 2, 8, 3, 2, 9
약한 수는 반복해서 잠깐만 연습해보세요.

10 단위는 11과 12, 딱 2개만 다르고 나머지는 비슷해서 쉬워요.
#11 은 eleven [일레*븐]
#12 는 twelve [투웰*브]
#13 은 thirteen [*썰틴~] 틴 [teen]은 10대를 말합니다. 하이틴 교복. 발음을 길게 해요.
틴~~ 길게 빼세요.
#15 는 스펠링 때문에 발음이 살짝 바뀌어요. five [*파이*브]에서 fifteen [*피*프틴~]으로 갑
니다. (*f 발음 2개 있으니 조심)

나머지는 전부 뒤에 틴만 붙이면 끝이에요.
14 *포틴~, 16 식스틴~, 17 세*븐틴~, 18 에잇틴~, 19 나이틴~

20은 영어로 twenty [트웬티]
기본 숫자 뒤에 ty가 붙어서 발음이 [티]인데 teen [틴~]과 확실한 차이가 있어야 해요. 많은 분
이 [틴~]과 [티]를 대충 말하는데, 실제 원어민들도 상대방이 헷갈리지 않도록 [틴~]은 일부러
길게 말합니다.
비슷하게 말하면 듣는 사람은 구별이 잘 안 돼요.

이게 다예요! 필요한 것은 다 배웠고 응용만
하면 돼요.
10 단위로 쭉쭉 올라가는 수들은 비슷하거든요.
13이 thirteen [*썰틴~]
30은 thirty [*썰티]
15가 fifteen [*피*프틴~]
50은 fifty [*피*프티]

나머지 숫자는 같아요.
21이면
20 하고 1
→ twenty [트웬티] 하고 one [원]
→ twenty-one
대신 이럴 때는 [틴~]과 [티] 발음의 유사함 때
문인지, 글자로 쓸 때는 숫자 사이에 작대기를
그어줍니다. 없어도 읽는 데 어려움은 없어요.

그럼 아래 숫자들을 영어로 말해보세요.
가이드 있으니 참고하세요.

1		89	
4		13	
2		30	
6		17	
8	30	70	10
11	50	80	20
15	7	18	22
18	62	19	55
12	57	99	56
14	13	90	89
19	45	20	5
20	3	22	24
	11	12	
	12	02	

0	zero	20	twenty
1	one	21	twenty-one
2	two	22	twenty-two
3	three	23	twenty-three
4	four	24	twenty-four
5	five	25	twenty-five
6	six	26	twenty-six
7	seven	27	twenty-seven
8	eight	28	twenty-eight
9	nine	29	twenty-nine
10	ten	30	thirty
11	eleven	31	thirty-one
12	twelve	32	thirty-two
13	thirteen		...
14	fourteen	40	forty
15	fifteen	50	fifty
16	sixteen	60	sixty
17	seventeen	70	seventy
18	eighteen	80	eighty
19	nineteen	90	ninety

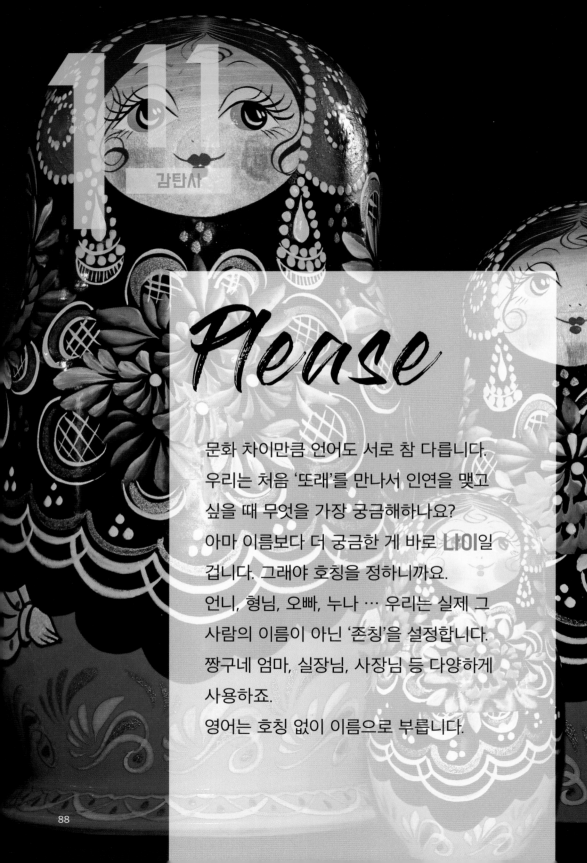

11

감탄사

Please

문화 차이만큼 언어도 서로 참 다릅니다.
우리는 처음 '또래'를 만나서 인연을 맺고
싶을 때 무엇을 가장 궁금해하나요?
아마 이름보다 더 궁금한 게 바로 **나이**일
겁니다. 그래야 호칭을 정하니까요.
언니, 형님, 오빠, 누나 … 우리는 실제 그
사람의 이름이 아닌 '존칭'을 설정합니다.
짱구네 엄마, 실장님, 사장님 등 다양하게
사용하죠.
영어는 호칭 없이 이름으로 부릅니다.

우리는 나이 차이를 중요하게 여기고, 거기에 맞게 존댓말 반말을 사용하죠. 친분이 없는 경우는 무조건 존댓말을 쓰며 이것이 우리 한국의 문화입니다.

영어는 전혀 그런 게 없습니다. 존댓말이라는 형태가 아예 없기 때문입니다. 다시 말해, 나이로 인해 말을 높이거나 내릴 필요가 없다는 거죠. 그래서 오래 사귄 친구의 생일은 알아도 나이는 정확히 모를 때가 태반입니다. '친구야' 하며 지내다가 한참 뒤 알고 보니, 여섯 살이나 더 많다고 해도 관계에서 바뀌는 점은 전혀 없습니다.
중학생이 30대와 '야' 하면서 동갑 친구처럼 잘 어울립니다. 선후배 사이도 마찬가지죠. 다 이름을 부르며 어울리고, '내 친구'라고 소개합니다.
그래서 관심사만 같으면, 다양한 나이의 사람들과 동갑 친구처럼 편한 우정을 맺을 수 있어요. 영어의 큰 장점 중 하나입니다. 마음만 맞으면 편하게 할 말 다 하는 친구가 될 수 있는 거죠. 나이에 상관없이 많은 사람과 동갑 친구처럼 그렇게 편한 우정을 쌓을 수 있다고 생각해보세요.
진짜 다 말을 놓느냐고요? 네, 그렇습니다.

10대도 60대 아저씨와 친분이 있으면, 그냥 이름을 부릅니다. 둘리가, 고길동 아저씨에게 '길동아!' 하고 부릅니다. 시어머니가 며느리한테 자신을 '순자'라고 부르라고 하면 며느리는 이제부터 시어머니를 '순자'라고 부르면 됩니다. 그게 이상하지 않으냐고요?
언어 자체가 그렇게 생겼기 때문에 정작 사용하다 보면 전혀 그런 느낌이 들지 않습니다.
다만 영어라는 언어에 아무리 존댓말이 없어도, 사람 간의 예우는 확실히 존재합니다. 우리와 방식이 다르고 강도가 다를 뿐, 예의는 다 차립니다.

영어에 magic word라는 말이 있습니다.
magic은 마술, word는 단어란 뜻이죠?
마술 단어, magic word가 뭐냐면, 바로 please [플리즈]입니다.
실제 서양에서 어른들이 아이들에게 please를 가르칠 때 '마법 단어'라고 알려줍니다.
아이가 와서! "물! 물 줘요!!" 하면 어른들이 이렇게 묻습니다.
"Magic Word가 뭐지?"
그럼 아이는, 말 뒤에 please 라고 붙입니다.
그 말까지 해야, 네가 원하는 것이 마술처럼 나온다는 거죠. 다시 말해 내가 너를 위해 수고해주길 바란다면, 그 말까지 붙이라는 겁니다. 지금은 알아만 두세요.

112

문법 : 동사

* 문법 *

문법 고민하는 분들 많으시죠?
어쩔 수 없이 하는 분들 혹은 문법 때문에 영어와 담 쌓은 분들, 있으실 거예요.
문법을 배워야 하는 이유는 딱 한 가지예요.
생뚱맞은 곳에서 헛소리하지 않기 위해서죠.
문법 용어는 거의 다 알 필요가 **없습니다!**

국어 문법을 설명해달라고 하면 어떤 대답을 해주실 건가요?
'나는'은 주어, '너를'은 목적어, 이렇게 설명할 건가요?

우리가 말하면서 주어와 목적어라는 문법 용어는 거의 쓸 일이 없죠? 일반 대화에서는 별 의미 없는 단어들입니다. 국어 시간에 졸았다고 한국말을 못하는 건 아니잖아요.
모국어의 문법 용어도 잘 모르는데, 외국어까지 문법 용어로 배운다는 것은 지루하고 헷갈리는 일이거든요.
문법을 알려면 문법 용어도 같이 알아야 한다고 생각하는데 둘은 전혀 별개의 지식입니다.
여러분을 헷갈리게 하는 건 문법 용어이고 그것들은 버리셔도 돼요.

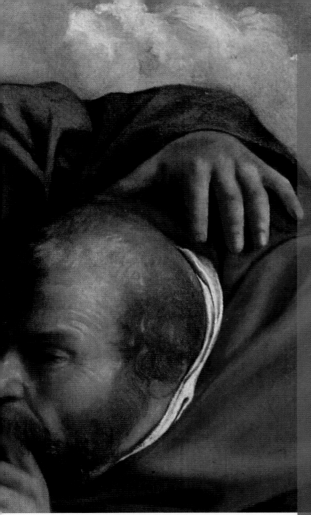

이 내용을 공부하는 학생들의 책을 살펴보면 영어 공부를 하고 있다고는 하지만 정작 한국 말들에만 밑줄들이 쳐져 있어요.
가장 중요한 영어 문장은 한번 읽고 넘기고 한국어 이해하는 데 더 많은 시간을 소비하죠.
어느 순간 보면 영어를 하는 게 아니라 한국어 코드를 해석하고 있습니다.
그런데 정작 저 설명 밑에 있는 영어를 보면
Have a nice day!
Be happy.
Be kind.
이렇거든요. 이 문장들 쉽죠? 우리 다 했잖아요.

이렇게 쉽고 기초적인 명령 기둥이 저렇게 설명되면, 레벨이 올라갈수록 문법 용어들이 어떻게 나올지 상상이 가세요? 한국어로 된 문법 용어들이 갑자기 어렵게 변해서 영어를 겁낸다면 곶감 이야기를 잘못 듣고 겁에 질린 호랑이와 같은 처지가 되는 거죠.

깊게 숨 한번 쉬고 다시 정확히 보세요.
여러분은 이미 이 기둥 스텝을 접하면서 문법 구조를 꽤 배우셨습니다. 쓸데없는 문법 용어가 사라진 문법이죠.
문법 용어는 나에게 도움이 되어야지 방해가 된다면 소용이 없겠죠.
운전에 대해 말하면서 설명할 때마다 '빨리 다닐 수 있게 사람 없이 차만 다니는 길'이란 설명이 좋겠어요? 아니면 '고속도로' 한마디가 더 편하겠어요? 당연히 후자죠.
문법 용어도 그렇게 알면 편한 것들이 있는데 딱 4개뿐입니다.

재미있는 구경 한번 해볼까요?
다음 내용은 지금도 공교육 참고서에 나오는 영어 문법인데 명령 기둥 관련 부분입니다.

> 명령: 어순은 주어 동사인데, 주어를 빼고 바로 동사를 말하게 되면 명령문.
> 일반 동사와 be 동사.
>
> 2형식 문장. Be 동사 + 부사구.
> Be 동사 + 형용사.

그 첫 번째로 **동사**를 만나보죠.

영어든 한국어든 말을 하기 위해 무조건 필요한 것이 하나 있는데 바로 동사입니다.
모든 문장에 무조건 들어갑니다.
굉장히 중요하다는 거죠.

초등학생이 '동사'가 뭐냐고 물으면 여러분은
어떻게 대답할 건가요?
"동작? 움직이는 거?"라고 하는 순간 **아웃!**
보통 가장 많이 오해하는 부분이에요.
이렇게 가장 중요한 것부터 틀리니까 계속 틀
리는 겁니다.

여러분은 두비 하면 이제 뭔지 알죠?
이 두비가 바로 동사입니다. 다시 말해 동사는 2개라는 거죠.
단순히 움직인다는 것 하나로는 설명이 부족하잖아요. 동사를 '움직이는 것'이라고 설명하면 두비
중에서 do만 설명하게 되는, 결국 반밖에 모르고 있는 겁니다.
그럼 왜 우리는 동사를 말할 때 항상 '움직인다'로 말할까요? 국어 문법과 연결되어서 그렇습니다.

하지만 이건 영어예요! 구조가 전혀 다르게 만들어져 있어요.

오른쪽 그림에서 우리말을 보세요.
우리말은 2개로 나뉜다고 정확히 구분이
되질 않습니다. 음양 기호처럼 섞여서 하나로
더 크게 존재하죠.

먹다	합쳐 있음	예쁘다
공부하다	☯	집이다
요리하다		녹색이다

하지만 영어로 써보면, 두비가 양쪽으로 딱 다
르게 사용되는 것이 금방 눈에 띕니다.
be 쪽은 다 앞에 be가 붙었죠.

eat	양쪽으로 딱	be pretty
study	do be	be home
cook	나뉘어 있음	be green

자! 여기서 집중!
be 동사는 be 뒤에 붙는 pretty, home 이런 단어들이 아니라 be!!!
그 단어 자체가 동사인 겁니다. Be!

Go easy! 이 문장을 보고, '두비가 섞였네'라고 생각이 들면 다시 보세요.
easy 앞에 be 안 보이죠. 두비 섞인 거 아닙니다. be가 안 보이면 do 동사인 겁니다.

아주 가끔 둘이 나란히 섞인 문장 하나 정도는 볼 때가 있을 겁니다. 대다수는 틀린 문법인데 사람
들이 많이 써서 그냥 상용화된 말입니다.
이번 기둥을 공부하는 동안 do 동사와 be 동사. 이렇게 양쪽으로 분류하는 법을 배운 겁니다.
보통 영어책에서는 일반동사와 be 동사로 나눕니다. 일반이라 그러니 헷갈리죠.

동사는 영어로 verb [*벌브]입니다. 자! 알면 편한 문법 용어 4개 중 첫 번째인 동사에 대해 설명드
렸습니다. 계속 코스가 진행되면서 두비란 단어를 쓰기도 할 거고, do 동사 be 동사라고도 할 겁니
다. 그러면 동사라는 문법 용어는 그냥 적응될 테니 걱정 마세요.

명령 기둥 설명은 이것으로 끝!

두비 골라내기는 19개 기둥을 익히는 내내 반복될 것이며 한동안은 당연히 헷갈릴 겁니다. 다른 기둥들을 지나면서 자연스럽게 익숙해질 거예요.

이제 명령 기둥으로 말을 만들 수 있게 되었어요! 일상에서도 계속 명령 기둥으로 만들어서 말해보세요. 틀릴까 걱정하지 말고 혼자서도 말해보세요! 배운 것들을 빨리 말하는 것도 연습하고요!

그럼 고릴라가 나오는 2번 기둥으로 고고~!

CAN 기둥

02

2

01

주어 I You

2번 기둥은
"할 수 있어! 할 수 없어"
라고 말할 때 사용하는 기둥,
바로 **CAN 기둥**입니다.

쉽다고 무시 마세요. '도레미파솔라시도'를 머리로 아는
것과, 손가락으로 빠르게 연주하는 것은
다른 실력이라고 했습니다. 또한 정확하게 알고 있어야
긴 문장에서 응용할 때 버벅거리지 않을 수 있어요.
그런데 이 새 기둥에 들어가기 전에 통과해야 할
중요한 문이 있습니다.
영어 문장을 만들기 위해 무조건 알아야 하는
3가지가 있는데, 기둥과 두비가 그중 2개라면 지금
소개하는 것이 세 번째이자 마지막입니다.

상황으로 살펴보죠.

상황 1) 친구와 있는데 친구가 부엌에서 안 나오기에 묻습니다.

나: **뭐 해?**

친구: **물 마셔.**

상황 2) 같은 상황. 이번엔 독일 친구와 있는데 영어로만 소통이 됩니다. 영어로 묻습니다.

나: **너~** 뭐 해?

독일 친구: **나~** 물 마셔.

같은 상황이지만 우리말은 간단해요. "뭐 해?" "물 마셔."
영어는 누가 마시는지 뻔히 알면서도 "**너** 뭐 해?" "**나** 물 마셔."
이렇게 **너~ 나~** 끄집어냅니다. 알면서도 말해주는 거죠. 우리가 봤을 때는 쓸데없는 짓 한다 생각할 수 있지만 영어는 구조 자체가 그렇게 생겼습니다. 안 넣으면 구조가 망가져요.

문제는 우리말은 누가 하는지 뻔히 보일 때는 그 말을 안 해버리는 경향이 있거든요. 굳이 말하지 않는 거죠. 카멜레온같이 원하면 문장 안에 숨습니다. 그래서 영어를 할 때는 여러분이 끄집어내주셔야 합니다.

명령 기둥에서는 안 보였죠? 그게 자연스러운 겁니다. 명령 기둥은 항상 상대에게 하라고 시키는 거니까요. "너 건강해라!" "네가 동생한테 심부름시켜라!"처럼요. **상대방인 '너' 보고** 항상 이래라저래라 하는 거니까 카멜레온 자리에 '너'만 들어가니 생략해버린 겁니다.

하지만 지금부터 나올 나머지 모든 기둥은 다 이 '누가'를 끄집어내야 합니다. 방법은 굉장히 쉽습니다.

예문을 보여드릴게요.

깜짝 퀴즈!
지금 방금 지나간 문장.
누가 보여드리겠다는 거죠?

제가!
제가 예문을 보여드리겠다고 하는 거죠.

"예문을 보여드릴게요"라는 문장에서
'제가, 내가' 같은 '나'를 지칭하는 단어
안 보이죠?
숨은 겁니다. 이게 카멜레온이에요.

누가?
do be
↓
예문을   보여드릴게요.

저리 간단한 우리말에서도 카멜레온은 숨습니다.
정말 자주 숨습니다.

찾는 방법은 초간단! 문장의 맨 뒤가 두비죠?
그 두비를 보세요.
"보여드릴게요"라고 했죠, **누가**? 내가!
그럼 '내가'가 카멜레온인 거예요.
이렇게 두비를 보면 어떤 문장이든 카멜레온은
자동으로 찾아집니다. 두비의 주인인 거죠.
그래서 카멜레온을 문법 용어로 '주어'라고 합니다.
두비 골라내고, 카멜레온까지 찾으면 끝이에요!
이번 기둥은 두비 골라내기를 계속하면서
카멜레온 찾는 연습에 들어갈 겁니다.

2₀₂

자 이제,
2번 기둥
들어갑니다.

아래 문장을 영어로 바꿔보세요.

#강해져라!
명령 기둥이죠? → Be strong!
한 단계 더 올라갑니다!

난 강해질 수 있어!

많이 아는 기둥이죠?

CAN 기둥은 "할 수 있어! 할 수 없어"를 말할 때 사용하는 기둥입니다. '강해질 수 있다, 그렇게 할 수 있다'는 거죠. CAN 기둥을 꺼내 쓰면 해결됩니다. 만들어볼게요.

난 강해질 수 있어.

앞에서 배운 명령 기둥 'Be strong' 앞에

I - CAN만 넣으면 바로 CAN 기둥 구조가 됩니다.

I - can - be strong.

끝! 간단하죠?

한번 자세히 보죠.

#난 강해질 수 있어.

 누가 강해질 수 있다는 거예요? 나죠. 그러면 먼저 카멜레온인

나 → I [아이]가 무조건 맨 앞에 나와야 해요.

그리고 나서 기둥을 찾으면 '할 수 있다'니까 → can

 그다음 나머지, 명령 기둥에서 두비를 고르면 → be strong

이렇게 두비가 그대로 내려오면 돼요.

→ I can be strong.

이것이 바로 CAN 기둥 구조입니다.

두비 자리에 있던 Be는 소문자로 바뀌어요. 영어는 문장 처음에 나오는 단어의 첫 글자만 대문자이고 나머지는 소문자로 쓰거든요. 타당한 이유가 있는데 나중에 설명드릴 테니 지금은 먼저 유의하세요.

이렇게 두비만 알면 기둥은 그냥 앞에 붙여버리면 돼요.

나머지 기둥들도 전부 다 이런 식이랍니다!

예문을 더 볼게요.

#가! → Go! 그러면

넌 갈 수 있어!는 어떻게 말할까요?

할 수 있고 가능성을 말하는 것이니 역시 CAN 기둥을 꺼내 쓰면 됩니다.

하지만 이번에 할 수 있는 사람은 내가 아니라 너인 거죠.

영어로는 → **You** [유]

I / can / be strong과 똑같은 자리에 단어만 바꿔서 넣으면 됩니다. 벽돌 바꿔치기인 거죠.

You 다음에 기둥 can 나오고 go 그대로 내려와서 → **You can go!**

카멜레온과 기둥 먼저 세우고 두비가 그대로 내려오면 끝이에요.

두 문장만 더 하고 연습장으로 넘어갈게요.

#제가 도와드릴 수 있어요.

누가? 먼저 말하고 생각하세요. 내가 → I

기둥? 할 수 있다니까 CAN 기둥 → can

이제 두비 중에 하나 고르면 되죠!

'도와드리다'는 행동으로 할 수 있으니 단어만 말하면 되네요. → help

순서대로 말하면 → **I can help.**

#영어 말해!

→ Speak English!

#나 영어 말할 줄 알아요.

→ I can speak English.

우리말은 '언어를 할 줄 안다'고 더 많이 쓰지만 영어는 '언어를 말할 수 있다'고 표현합니다.

이제 연습장 들어갑니다. 연습장에서는 혼자 문장을 만들어볼 거예요.
가이드를 보지 말고 직접 만들어보세요. 그런 다음 가이드와 비교해보세요.

#난 창의적이 될 수 있어.
creative [크*리에이티*브]

.... I can be creative.

#저 이해할 수 있어요.
understand [언더스탠드]

.... I can understand.

#넌 좋은 아빠가 될 수 있어.
good father

.... You can be a good father.

#제가 그분(여) 아이를 입양할 수 있습니다.
child [차일드] / adopt [어'돕트]=입양하다

.... I can adopt her child.

#내가 약속할 수 있어.
promise [프*러미스]

.... I can promise.

끝내기 전에 하나만 더 접해보죠.
이번 사용법은 대다수 분들이 잘 모르세요.

(성질 고약한 고릴라한테) #사랑스러워져라!
명령이네요. 만들어보세요.

> lovely [러*블리] <

→ **Be lovely!**

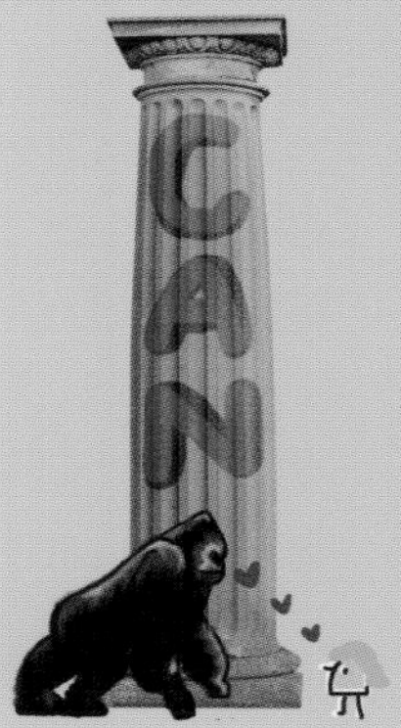

고릴라가 항상 사랑스러운 건 아니지만, **사랑스러워질 수는** 있어요.

상황에 따라, 때에 따라, 사랑스러워질 수 있다면 가능성을 말하죠?

이 말도 간단하게 CAN 기둥으로 표현할 수 있답니다.
대신 우리말은 '사랑스러울 수 있다'가 아닌 '사랑스러울 **때가** 있다'고 잘 표현합니다.
항상 그런 건 아니지만, "그렇게 **변할 수도** 있어." "그렇게 **될 수** 있어." 영어는 모두
CAN 기둥이에요. 그래서 CAN 기둥을 보면 킹콩과 여자가 있는 겁니다. 힘이 강한 킹콩
은 원하면 상대를 죽일 수도 있지만(CAN) 때에 따라 사랑스러울 때도 있죠.
문장을 만들 때 헷갈리면 이미지를 보면서 기억하세요! 그럼 문장 같이 만들어보죠.

#제 남친은 좀 질투를 할 때도 있어요.

> 질투는 영어로 jealous [젤러스] <

 누가 질투를? → My boyfriend

무슨 기둥이죠? 상황이 생기면 질투를 할 가능성이 있으니 CAN 기둥으로

→ can

 뭐가 가능하다고요? 질투할 수 있다고 했죠. 이거 상태죠? → be jealous

→ My boyfriend can be jealous.

항상 화를 내는 보스가 있다고 합시다. 그래서 주변에서 늘 투덜대요.
"저 보스는 항상 저래? 좀 친절해질 수는 없나?" 이 말을 들은 보스가 말합니다.

#나 친절할 때는 친절해.

항상은 아니지만, 친절해질 수 있는 거니까 CAN 기둥이겠죠?

→ I can be kind.

그럼 이제 CAN 기둥을 가지고 직접 문장을 다양하게 만들어 연습해보세요!

203

부정문

조금 더 응용해볼까요?
부정 NOT! 잊지 않았죠?

#까먹지 마세요!
'까먹다'는 forget [*폴'겟] → Don't forget! = Do not forget!
이렇게 NOT이 들어가면 부정이었죠?
CAN 기둥의 부정도 마찬가지입니다! 정말 쉬워요.
이 방법 역시 나머지 모든 기둥에 똑같이 적용됩니다.
해볼까요? 원 투 차차차!

#난 용서해줄 수 있어.
'용서해!'는 두비에서 do 쪽이라고 했죠? → Forgive!
누가 용서해주죠? 내가 → I
'할 수 있다'니까 CAN 기둥 → can
→ I can forgive.

#난 용서할 수 없다! 용서 못 한다!
이렇게 말하려면 **세 번째를** 기억하면 돼요.
항상 세 번째 자리에 NOT을 말하면 됩니다.
용서할 수 있어 → I / can / forgive에서
원! 투! 지나고 세 번째 자리에 not을 넣으면 되는 거죠.

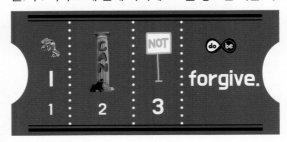

I / can / **not** forgive.
끝! 간단하죠?

'원 투 쓰리'라고 해서 단어 개수를 말하는 거 아닙니다.
원은 카멜레온, 다시 말해 카멜레온 자리에,
#저 애(여) 할머님과 저 애 어머님이 들어가면
→ Her grandmother and her mother
단어가 5개지만 여전히 **원**으로 말하는 거죠. 같이 해볼까요?

#저 애 할머님과 저 애 어머님은 영어를 하실 수 있어요.

누가 할 수 있다고요? '저 애 할머님과 저 애 어머님'이니까 카멜레온에 저 말이 다 들어
가야 하는 거죠. → Her grandmother and her mother
2번 자리는 기둥인데 '할 수 있다'는 거니까 → can
그다음 부정이 아니니까 두비 고르기 → speak
영어는 English죠?
→ Her grandmother and her mother can speak English.

만약 거꾸로 할 수 없다고 말할 때는
저 애 할머님과 저 애 어머님은 영어를 하실 수 없어요.
1번 → Her grandmother and her mother
2번 → can
3번 자리에 → not 넣고
나머지는 그대로 내려옵니다.
→ speak English.
→ **Her grandmother and her
mother cannot speak English.**

근데 can과 not이 붙어 있죠? 원어민들도 자주 헷갈리는 부분이에요. 사전에도 띄어 써도 맞고, 붙여 써도 맞다고 되어 있는데 지금은 그냥 붙여 쓰세요.

지금 여러분이 더 알아야 할 한 가지!
cannot을 더 짧게 말할 수 있다는 것.
cannot을 묶으면 **can't**가 됩니다.
don't에서 봤던 이상한 콩나물이 또 나타나죠.
별것도 아닌 게 이름만 거창했던 어포스트로피.
'대한민국'을 '한국'이라 하는 것처럼 영어는
기둥을 잘 줄인다고 했죠?

자! 이 can't는 영국 발음과 미국 발음에 뚜렷한 차이가 있습니다.

영국 발음은 can과 정확한 차이가 나게 [칸트]라고 하고 미국은 [캔트]라고 발음해요.
둘 다 맞는 발음이니 더 편한 발음을 선택하면 됩니다. 영어를 하는 사람들은 어느 발음이든 생각 안 하고 다 알아듣습니다. 여러분도 곧 그렇게 되실 거예요.

이번에는 두비에서 be 쪽으로 예문을 볼게요.

#나 준비되어 있을 수 있어!

→ I can be ready!

준비가 될 수 **없다**라고 할 때는 똑같이 세 번째에 NOT이 들어가면 되는 거죠.

→ I can**not** be ready! 합치면?

→ **I can't be ready!** 쉽죠?

부정이 무조건 세 번째 자리에 들어가는 것은 모든 기둥이 다 같다고 했습니다. 이것만 알면 나머지는 자동으로 알게 될 거예요. 아는 것과 빨리 말할 줄 아는 것은 다르니까 연습장으로 가보죠.

연습

#내 친구는 독립적이지 못해.

independent [인디'펜던트]

.... My friend cannot be independent.

#그 지도를 못 찾겠어.

map / find [* 발음 주의]

.... I can't find the map.

#나 여기서 못 살아!

here / live

.... I cannot live here!

#못 기다리겠어!

wait [웨이트]

.... I can't wait!

#나 오늘 일할 수 없어.(일 못 해.)

today / work

.... I can't work today.

109

CAN 기둥에서 '킹콩이 사랑스러울 때도 있다!' 배웠죠? 잊지 않도록 다시 볼게요.

#내 남자 친구는 사랑스러울 때가 있어.
→ My boyfriend can be lovely.

그러자 듣는 사람이 부정합니다. **그럴 리가 없어!**
'가능성이 없다'는 뜻의 문장은 CANNOT으로 표현하면 됩니다.

#네 남자 친구가 사랑스러울 리가 없어!
→ Your boyfriend cannot be lovely!

하나만 더 만들어보고 연습장에서는 혼자 해보세요.

#걔(남) 이야기가 진짜일 리 없어.

뭐가 진짜일 리가 없어요? '걔 이야기'가 그렇대요. 남자니까 → His story
'진짜일 리가 없어'는 가능성이 없다는 거니까 CAN 기둥에 부정, 세 번째 자리 → cannot
'진짜이다'는 행동 아닌 상태니까 → be
'진짜'라는 단어를 모르면 다시 확인해서 → be real
→ His story cannot be real.

연습

#네가 내 아들일 리 없어!
son

.... You can't be my son!

#제 고양이가 죽었을 리가 없어요.
dead [데드]

.... My cat can't be dead.

#그(남)의 계산이 맞을 리가 없어.
calculation [칼큘'레이션]=계산 / right=옳은

.... His calculation can't be right.

마지막으로 한 단계만 더 해볼게요.

난 약해지면 안 돼! 약해질 수 없어!
이렇게 **하면 안 된다**고 하는 것도 CAN 기둥이에요. 기억하세요!
그럴 가능성은 없다! **하면 안 돼! 그럴 수 없어!** 단호박이네요!
CAN 기둥을 사용해서 아예 가능성을 끊어버리는 거죠.
"하지 마!"라는 말보다 더 강한 말이에요.
"네가 할 수 있는 가능성은 없을 거야! 넌 못 해!"라고 말하는 거죠!

#난 약해지면 안 돼!
이 말은 다양하게 표현할 수 있지만 우리가 배운 기둥은 2개뿐이니 그
안에서 해결해보죠.
스스로에게   → Don't be weak! 이렇게 말해도
                                     뜻은 전달돼요.
다만 좀 더 강하게 말하려면   → I cannot be weak!
"아예 약해질 가능성은 없다! 그런 일은 있을 수 없다!"라고 하는 겁니다.
반대로
#넌 약해지면 안 돼!   → You cannot be weak! 쉽죠?

함께 문장을 좀 더 만들어볼게요. 설명을 보지 않고 직접 만들어본 후에
읽으세요!

#안 돼! 지금 포기하면 안 돼!
> give up <
지쳐 보이는 친구에게 이렇게 말할 때가 있죠?

누가 포기하면 안 된다는 거죠? 친구한테 말하는 거니까
→ You

"그런 일은 일어나선 안 돼!" 가능성 아웃! CAN 기둥으로
만들 수 있죠.   → cannot

뭘 하면 안 된다고요? 포기하면 안 돼, '포기하다'는
→ give up

extra 엑스트라 하나 더 있죠. '지금' 그러면 안 되니까
→ now

→ No! You cannot give up now!

#여기서 주무시면 안 돼요. 반말로는 **여기서 자면 안 돼.**

누가 자면 안 된다는 거죠? 말을 듣는 상대가 있죠?	→ You
"하면 안 돼! 그럴 수 없어." CAN 기둥 부정 사용해서	→ cannot
'자다'는 행동이죠. 단어는	→ sleep
'여기'서 자면 안 된다고 엑스트라가 있죠?	→ here

→ You cannot sleep here.

#내 어린 시절을 기억하지 못하겠어.
> childhood [차일드후드] / remember [*리멤버] <

누가 기억 못 하는 거죠? 본인이죠.	→ I
기억하고 싶어도 기억이 안 나는 거니까 CAN 기둥 부정	→ cannot
'기억하다'는 뇌가 하는 거니까 do 쪽, 단어는	→ remember
뭘 기억 못 하는 거죠? 내 어린 시절	→ my childhood

→ I can't remember my childhood.

#상상이 안 가는군.
> imagine [이'마쥔/이'매쥔] <

누가 상상 못 하는 거죠? 나니까	→ I
상상을 하고 싶어도 안 되는 것이니	→ cannot
'상상하다'도 뇌가 하는 것이니 do 쪽, 단어는	→ imagine

→ I can't imagine.

#난 늦으면 안 돼!
late [레이트]

....I can't be late.

#입 다물어! 생각할 수가 없잖아!
shut [셧] / think

....Shut up! I can't think!

#지금 너 멈추면 안 돼!

....You can't stop now!

#유엔이 너희 부패를 멈출 순 없어.
UN / corruption [커'럽션]=부패 / stop

....UN can't stop your corruption.

#너 죽으면 안 돼!
die [다이]

....You cannot die!

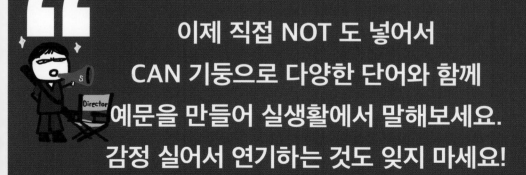

이제 직접 NOT 도 넣어서
CAN 기둥으로 다양한 단어와 함께
예문을 만들어 실생활에서 말해보세요.
감정 실어서 연기하는 것도 잊지 마세요!

여기, 저기, 거기

위치를 뜻하는 말입니다.

여기	→ here
여기로 와!	→ Come here!

here는 자기 반경 안을 말해요. 내 손이 닿는다는 느낌이 드는 곳은 모두 → here

이리로 와! 이쪽으로 와!

우리말에 변형이 많아서 그렇지 결국 다 자기 반경 안인 거죠. 모두 Come here!

그럼 내 반경 밖은 뭐라고 할까요? 바로 **there** [데어]가 있죠.
'저기, 거기'처럼 내 반경 밖의 위치여서 손가락으로 가리켜야 하는 곳은 → there
그럼 함께 예문 하나 만들어보고, 나머지는 직접 해보세요.

#저기 앉아!

명령 기둥이니 두비만 신경 쓰면 되죠!		
앉는 것이니 행동!	→ Sit	
extra 어디에 앉으라고요? 저기!	→ there	

→ Sit there!

#거기 앉지 마. 여기 앉아.

.... Don't sit there. Sit here.

#거기서는 노래하고 춤출 수 있어.
sing / dance

.... You can sing and dance there.

#거기다 쓰면 안 돼.
write [*라이트]

.... You cannot write there.

#저기로 가!

.... Go there!

#저기 가서 앉아!

.... Go there and sit!

예문에서 사용되는 단어들은 구조를 정확히 익히기 위해 쉬운 레벨들로만 드리고
있지만 어휘 능력을 더 높이고 싶다면 중고급 레벨의 단어를 넣어 연습하면 됩니다.

국내에서도 판매하는 'Scrabble [스크라블]'이란 영단어 보드게임 보신 적 있으세요?
영어를 배우는 외국인을 위한 게임이라고 생각하기 쉽지만 사실 영어 원어민들, 특
히 성인들이 어휘력을 넓히는 게임입니다. 영화나 드라마에서 성인들끼리 집에서
이런 단어 게임을 하는 것을 보셨을 거예요. 사전을 옆에 두고 일부러 긴 단어들을
공부하기도 합니다.
"그 말은 단어가 아니야, 단어를 만들어내지 마. 문장에 사용해봐."
그들끼리 이런 말을 자주 하는데 우리에게는 없는 문화죠?
영어가 어떤 언어인가를 보여주는 좋은 예입니다.

영어를 단어 중심으로 공부한 사람은 단어를 많이 알면 영어를 잘한다고 생각합니다.
하지만 앞의 게임이 보여주듯 영어 단어의 총량은 한국어로는 상상을 못 할 만큼 방대합니다.
가정마다 이 보드게임이 있을 만큼 원어민들 스스로 어휘력을 넓히기 위한 게임을 한다니, 상상이
가세요? 그러니 영어를 외국어로 배우는 우리는 항상 모르는 단어와 마주칠 수밖에 없습니다.

여러분, 영어는 모든 단어를 다 알 필요가 없어요! 중요한 것은 단어가 아니라, 이미 알고 있는 단어
들로 어떻게 말하고 소통하느냐입니다. 그렇게 말을 늘려가면서 어휘력을 서서히 넓히는 것은 쉽
거든요. 많은 분이 누가 영어권 나라에만 살다 오면 모든 영어를 통달해야 하는 것처럼 기대하지만
전혀 그렇지 않습니다.

내가 아는 단어를 그 사람이 모른다고 해서 그 사람이 영어를 못한다고 생각하는 것도 잘못된 관념
입니다. 단어는 내가 자주 접할 기회가 있었던 것들만 알게 됩니다.
저는 처음 영국에 갔을 때 '전설'이란 단어가 영어로 뭐였는지 몰랐어요.
'**전설**'은 영어로 legend [레젼드]죠? 하지만 같은 시기에 '소똥'이 영어로 뭔지는 알고 있었어요.
영국 친구들하고 장난을 치면서 말하던 단어 중 하나였기 때문이죠. '소똥'은 cowpat [카우팻].

또 레스토랑 메뉴에 있는 음식 이름은 잘 몰랐어도, '포경 수술, 맹장 수술, 도뇨관'이란 단어는 접할
기회가 먼저 생겨서 영어로 알았어요. 그러다 영어를 제대로 한 지 14년 정도 됐을 때, 누가 저에게
지하 3층을 영어로 묻는데 저도 몰랐습니다. 영국에서는 지하 3층은커녕 지하 2층도 가본 적이 없
기 때문이죠. 영국은 지하를 한 층만 내려가는 빌딩들이 더 많습니다. 혹시 접했다고 해도, 눈여겨
보지 않은 거죠. 하지만 영어로 대화할 때 그 단어가 나왔다면 상대방에게 다시 물어봐서 그 단어를
확인한 후 제 어휘로 만들었을 겁니다.

영
어
단
어

우리말도 마찬가지예요.

"누군가 방어 먹을까?" 할 때, 방어를 모른다면 물어보면 되죠. "방어가 뭐예요?" 그럼 상대방이 대답해주겠죠? "아, 이 생선이 방어예요." 그러면서 처음 접하는 어휘를 그때그때 익히잖아요. 대화 속에서 어휘를 넓혀가죠? 외국어도 같아요. 그렇게 말을 계속하면서 나의 언어가 되는 거예요.

아는 단어가 적어도 대화에 문제가 생기지 않도록 필요한 말을 할 줄 알면 됩니다. "그때 먹었던 생선 이름이 뭐지?" 혹은 "녹색이 나는 생선 이름 알아요? 이 정도 사이즈인데." 이런 식의 말을 영어로 할 줄 알면 단어를 몰라도 더 이상 힘들지 않을 겁니다. 풀어서 설명할 줄 아는 법을 배우는 것이 가장 중요한데 여러분이 바로 그 방법 또한 배우고 있는 겁니다.

그럼 한 단계씩 실력을 늘립시다. 더 멀리 나가보죠.

영어는 여기, 저기를 지나서 하나가 더 있습니다. 바로 **over there~**
저기는 there인데, 저기보다 좀 더 멀리 가는 곳.
저~어~기 over there~

우리는 그런 위치를 가리킬 때 "**저~어~기**로 가세요. **쩌어~기이~**" 하고 손가락으로 멀리 표시하거나 턱으로 그쪽 방향을 가리키며 말합니다. 영어는 그걸 그냥 단어로 표현해버린 겁니다. 그게 다예요. over there~

"오버하지 마라!" 이런 말 하죠? 기준보다 넘칠 때 '오버한다'라고 하는데 over there도 그런 식이에요. there는 내 반경 밖의 공간인데, 그 밖의 공간보다 더 멀게 느껴지는 공간, there를 넘어선 over there.

같은 방에 있기 싫은 사람한테 말해보세요.
#저~어~리~이 앉아!   → Sit over there!
아무리 같은 방이라도 over there가 가능한 거죠.

정리할게요.
#내 반경 안은?   → here
#그 밖은?   → there
there보다 #더 멀리 있는 느낌이 들 때는?   → over there!

2₀5

주격 대명사

우리말에서 잘 숨는 카멜레온. 영어를 하려면 이 카멜레온이 자유자재로 나와야 합니다.
지금까지 I랑 You 했죠. 나랑 너. 그러면 이건 어때요?

쟤(여자) 운전할 수 있어.

'쟤'라고 했다고, her 하는 분! 조심하세요!
'나'와 '내 원수'는 각기 전혀 다른 사람을 지칭하는 것이죠? I랑 my enemy입니다. 마찬가지로,
'쟤(여)'와 '쟤 책'은 전혀 다른 것을 말하는 거예요. #쟤 책은 → her book

나 = I 처럼 '쟤'가 여자일 때는 **she** [쉬]로 바꾸면 됩니다.
나머지는 같아요.

HE SHE WE THEY

#나 운전할 수 있어.   → I can drive.
#재 운전할 수 있어.
'재'가 여자일 때는 she만 벽돌 바꿔치기하고 나머지는 그대로예요.   → She can drive.
간단하죠?

> I   can drive.
>
> She   can drive.

'재'가 남자일 경우는? 앞에 s만 버리고 he [히]입니다.
블록만 바꿔치기하세요.   → He can drive.
생소하지 않죠? 말만 빠르게 나오면 되니까 다음 문장부터 해볼까요?

아래 두 문장을 영어로 말해보세요.

상황) 동료에게 남자 선생님에 대해 얘기하고 있어요.
#그분의 이론을 전 이해할 수가 없어요.
> theory [*씨오*리]=이론 / understand <

🐒	누가 이해를 할 수 없다는 거죠? '저'니까	→ I
🏛️	'할 수 없다'고 하니 CAN 기둥과 세 번째 자리에 NOT	→ cannot
do be	'이해하다'는 뇌가 하는 것이므로 do 쪽	→ understand
extra	뭘 이해 못 한대요? '그분 이론'이죠. 그분은 남자니까	→ his theory

→ I cannot understand his theory.

#그분은 제 설명을 이해 못 하세요.
> explanation [익스플레'네이션] <

🐒	이번에는 누가 이해를 못 하는 거죠? 그분, 남자분이니까	→ He
🏛️	기둥은 역시 이해를 못 한다는 뜻이니까	→ cannot
do be	'이해하다'는 아까 나왔죠?	→ understand
extra	무엇을 이해 못 한다고요? '제 설명'이죠.	→ my explanation

→ He cannot understand my explanation.

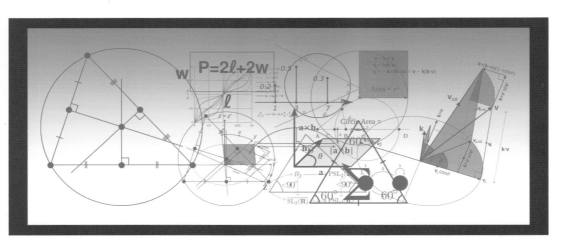

위 예문을 보면 우리말로는 둘 다 '그분'으로 시작되지만 영어는 아니죠?

이래서 카멜레온을 조심하라는 겁니다. 우리말의 시작이 꼭 영어에서 카멜레온은 아닙니다. 두비를 보면 카멜레온을 알 수 있어요. 두비는 우리말 맨 끝에 있는 거죠?
결국 답이 다 문장 안에서 보이는 겁니다. 단어까지 제공되니 여러분은 기둥만 잘 고르면 됩니다.
그럼 더 만들어보죠.

상황) 엄마 차가 서비스 센터에 있어서 아빠 차로 오신대요.
#엄마가 엄마 차를 못 가지고 오셔.
우리는 **"엄마가 엄마 차 못 가지고 오셔"**라고 말하지만 영어는 그렇게 말하면 단어를
남발한다는 말을 듣습니다. 영어는 한 번 말한 단어를 굳이 반복하지 않고 he, she로 바꿔서 이어
간다고 했죠? 방금 누구인지 말했으니까 → her car
→ Mom can't bring her car.
하나 더 해보죠.

상황) 어린 여동생이 못 일어서자 아빠가 말합니다.
#동생 좀 도와줘봐! 동생이 못 서잖아!
굳이 다시 your sister라고 하면 뜻이 중복되니 그냥 → she
→ Help your sister! She can't stand up!

익숙해지려면 시간이 걸릴 겁니다. 그럼 쉬운 것 하나만 더!

나, 너, 쟤 말고 **우리**

우리가 도와드릴 수 있어요.
저희가 도와드릴 수 있어요.

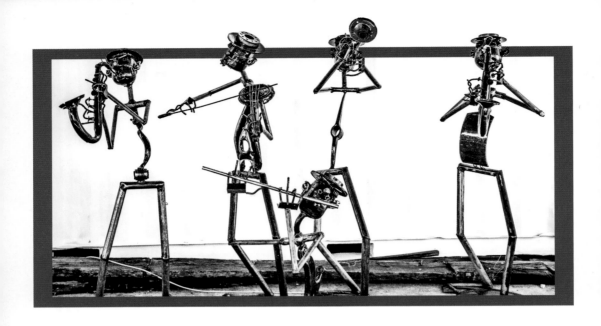

우리, 저희, 우리들, 저희들 전부 영어로는 **we** [위]
지금까지처럼 단어만 바꿔치기해주면 됩니다.

#제가 도와드릴 수 있어요.   → I can help.
#저희가 도와드릴 수 있어요.   → We can help.
#저희 못 가요.
'저희'는 영어로 we, 존댓말이 없으니 나 포함해서 여러 명이면 그냥 → We
                                          → We can't go.

그럼 이번에는 그룹에서 나는 빠지고,
쟤네들만 이야기할 때! 나랑 너가 아닌, 다른 사람들끼리 모여 있을 때는 '쟤'에서 '쟤네들'로 바뀌죠?

#쟤가 여자일 때는?   → she
#쟤가 남자일 때는?   → he

둘이 같이 있어서, **쟤네들**일 때는 **they** [데이]
이제 직접 만들어보세요.

#쟤네들 유명해질 수 있어.
> famous [*페이머스] <
자리만 바꿔치기하고 나머지는 그대로예요.   → They can be famous.

이렇게 영어는 정확한 구조가 있고 대부분 자리를 바꿔치기하면 됩니다. 연습장 들어가보죠.

#내 개(수컷) 건들지 마! 물 수 있어.
dog / touch [터치]=건들다 / bite [바이트]=물다

....Don't touch my dog! He can bite.

#쟤(여) 게으를 때도 있어요.
lazy [레이지]

....She can be lazy.

#그들은 뉴스를 조작할 수 있다.
news / fabricate [*파브*리케이트]=조작하다

....They can fabricate the news.

#여기선 우리가 안전하게 있을 수 있어요.
safe [세이*프]

....We can be safe here.

#그분(남)은 수줍음을 타실 때가 있어요.
shy [샤이]

....He can be shy.

#우리는 인기 있어질 수 있어.
popular [퍼퓰러]

....We can be popular.

#쟤네들은 인기 있어질 수 있어.

....They can be popular.

2⁰⁶

의문문

YN Q 1

Question

Yes! No!

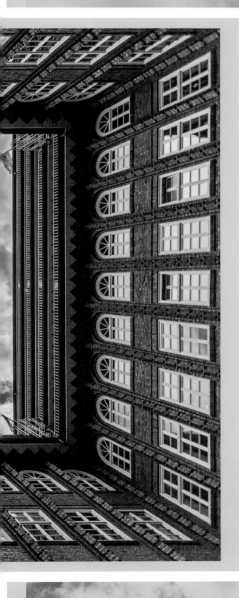

집중! 중요한 스텝입니다.
기둥을 세우는 기둥 스텝,
바로 영어로 질문하는 법!
질문 만들 줄 아세요?
대답은 Yes! 아니면 No!

부정이 세 번째 자리에 들어가는 것처럼 요것도
정확한 규칙이 있어요. 굉장히 쉽습니다.
또한 나머지 기둥들에 모두 같은 방식으로 적용되
니 하나를 배우면 나머지는 자동으로 알게 됩니다.

중요한 것은
이 규칙이 단순히 질문에서 끝나는 것이 아
니라. 나중에 더 높은 레벨의 영어를 구사할
때도 계속 활용되니 쉽다고 대충 하지 말고 지
금부터 입으로도 정확하게 익히세요.

Calm down!

"Calm!"은 "진정해", 흥분해 있으니 진정하라는 겁니다. 왜 down이 있는지 상상이 되시나요? down 껌딱지는 스텝 01⁰⁹에서 배웠죠? 우리도 진정하라고 말할 때 손을 밑으로 내리며 "진정해"라고 하잖아요.

Be cool! 쿨해지라는 겁니다. '쿨한 사람'은 작은 것에 열 내지 않아 폼이 나고 그래서 멋있는 사람이라는 뜻입니다.

이제 다음 문장을 영어로 말해보세요. 앞에 #이 붙은 문장이 나오면 항상 먼저 스스로 만들어 말해보세요.

아직 두비나 단어가 헷갈려도 괜찮아요. **하지만** CAN 기둥 구조는 이제 정확히 알아야 합니다!
카멜레온 - 기둥 - 두비, 순서를 꼭 기억하세요.

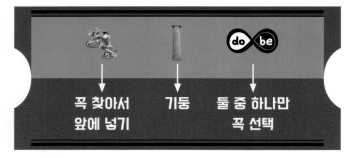

이제 질문형으로 바꿔볼게요!

난 쿨해질 수 있나?

질문은 나 자신에게도 할 수 있죠?
질문 만드는 법, 간단해요!
1번 카멜레온, 2번 기둥 둘의 순서를 뒤집으세요.
그 둘만 뒤집으면 질문은 끝!
I can be cool을 뒤집어서 Can I~ 하고 그대로 내려오면 됩니다.
→ Can I be cool?

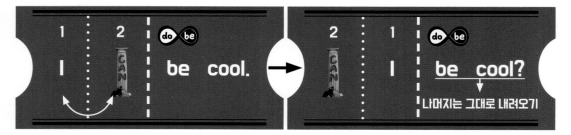

또 보죠.
넌 진정할 수 있어.

→ You can calm down.

너 진정할 수 있니?
Can you 하고 나머지는 그대로!

→ Can you calm down?

이걸로 끝이에요! 정말 간단하죠?
순서를 뒤집는 순간 자동으로 질문이 되고 나머지 단어들은 그대로 내려오면 됩니다. 쉽죠?

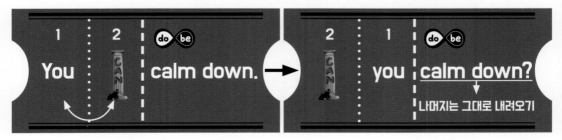

좀 더 쉽게 이해할 수 있도록 기본 문장부터 만들고 뒤집는 순서로 익힐게요.

#쟤네들 로켓 만들 수 있어.
> build [빌드] <

누가 만들어요? 쟤네들 → They

할 수 있다니까 → can

로켓을 '만들다'는 'make'도 되는데, 설계도를 짜면서 복잡한 것을 만들 때는 단어 build를 사용한답니다. → build

extra 뭘 만들 수 있다고요? → a rocket

→ They can build a rocket.

#쟤네들 로켓 만들 수 있어?
질문이니 1번 2번 순서 뒤집기 → Can they~ 나머지는 그대로 말하면 됩니다.
→ Can they build a rocket?

질문을 어떻게 만들어야 할지 모르겠으면 항상 기본 문장을 먼저 만들어보세요.
그 후에 1번과 2번을 뒤집으면 됩니다. 영어로 질문을 만드는 방법은 이것 하나예요!

하나만 더 해볼게요.
#제 아들 좀 도와주실 수 있나요?
> son / help <

누구한테 도와줄 수 있느냐고 물어보는 거죠? 상대방이니까 → You

'해줄 수 있느냐'고 하니 기둥은 → can

질문이니까 두 단어 순서를 뒤집어서 → Can you

그리고 나머지는 그대로 붙이면 되죠. '도와주다'는 → help

extra 제 아들 → my son

→ Can you help my son?
상대방이 수고해줘야 하는 일이니 마법 단어를 붙여주면
→ Can you help my son, please?

CAN 기둥이 탄탄하면 질문 만드는 것은 쉽게 할 수 있어요.
자, 이제 직접 만들어보세요.

#자전거 탈 수 있어?
bike / ride [*라이드]

....Can you ride a bike?

#우리 내일 공부할 수 있어?
study

....Can we study tomorrow?

#좀 조용히 해줄 수 있어?
quiet

....Can you be quiet?

#그분(남)은 이메일 확인할 수 있으시대?
e-mail / check

....Can he check his e-mail?

#쟤네들 수영할 수 있어?

....Can they swim?

#네 여동생이 내 자동차 좀 수리할 수 있어?
sister / car / repair [*뤼'페어]=수리하다

....Can your sister repair my car, please?

#지금 올 수 있어?

....Can you come now?

#당신의 뇌는 자랄 수 있나요?
brain [브*레인] / grow=자라다

....Can your brain grow?

NOT 들어가는 부정형도 질문으로 바꿔볼게요.

#우리는 도울 수 없어요.
→ We cannot help.

1번 2번 뒤집으라고 했는데 그럼 3번에 있는 NOT은 어쩔까요?

1번 2번 뒤집고 나머지는 무엇이든 그대로 오면 됩니다. 부정이든 긍정이든 1번 2번만 뒤집는 거죠. 규칙 하나 만들어놓고 정말 제대로 지키죠? 같이 뒤집어봅시다!

#우리가 못 도와줘요?
→ Can we not help?

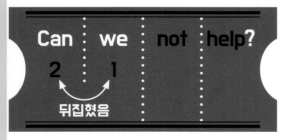

또 1번 2번이라고 해서 단어 개수로 착각하시면 안 돼요!

"내 친구는 집에 못 가"를

#제 친구 집에 못 가요?
로 바꾸면서 My friend는 단어가 2개니까,
my를 1번 friend를 2번, 이러시면 안 된다는
거예요.
카멜레온과 기둥을 뒤집는 겁니다.

→ **Can my friend** not go home?

My friend / can이 Can / my friend로 뒤집
혔고 나머지는 not까지도 그대로 따라서 내려
오면 되는 거죠.

My friend can : not go home.

뒤집혔음   그대로 내려오면 됨
2 ↶ 1

Can : my friend : not go home?

기둥이 묶여 있을 때도 똑같아요. 묶여 있으면
그것이 통째로 2번이 되어서 묶인 대로 뒤집
으면 돼요.

They can't be here. 1번 2번 뒤집어서
→ **Can't they** be here?

#못 기다려?(기다릴 수 없어?)

....Can't you wait?

#미팅 좀 취소해줄 수 있어요?
meeting / cancel [캔슬]=취소하다

....Can you cancel the meeting, please?

#넌 행복할 수 없니?

....Can't you be happy?

#쟤(여) 읽을 수 없어?(쟤 못 읽어?)

....Can't she read? / Can she not read?

#당신은 타협할 수 없나요?
compromise [컴프*로마이즈]=타협하다

....Can't you compromise?

CAN 기둥이 쉬워서인지 재활용이 제일 많아요. 마지막으로 특이한 활용 딱 하나 만나보고 끝냅시다.

상황) 상대방 어머님께 문제의 해결책이 있대요.
어머님께 못 물어보세요?
할 수 없느냐는 거니까 CAN 기둥으로 질문하면 되겠죠?

→ Can't you ask your mother?

기둥을 묶지 않고 풀어서 질문하면?

→ Can you not ask your mother?

간단하죠. 그런데 다음 상황은 달라집니다.

다른 상황) 친구가 무슨 일만 있으면 스스로 해결하려 하지 않고 엄마한테 물어요.
엄마한테 안 물어볼 수는 없어?
앞의 상황은 물어보라는 거고, 이번엔 물어보지 말라는 거죠?
문장을 나눠서 생각하면 좀 더 쉬워요.

할 수 있니 ― 엄마한테 안 물어보는 것을?
→ Can you NOT ask your mother?
NOT을 강하게 말하면서, 그것을 안 할 수 있느냐고 CAN으로 질문하는 겁니다.
엄마한테 안 물어보는 것이 가능하냐고 묻는 거죠. 부정 질문이지만, 느낌이 다르죠?
한 번 더 말해보세요. Can you NOT ask your mother?
또 해보죠.

여기 안 있어줄 수 있어?
여기 안 있으면 안 돼? 그게 가능해?

→ Can you not be here?

이건 많이들 모르는 질문 형식입니다. 연습장에서 다양한 예문을 접하면 감이 잡히실 거예요.

만약 내가 저런 말을 할 줄 모르면 실제 상황에서는 어떻게 하느냐고요?
Don't be here! Don't ask your mother! 하면 되죠. 내가 아는 것을 잘 활용하는 것이 외국어를 잘하는 진짜 실력이라고 했죠? 그럼 연습장에서 감정을 살리며 만들어보세요.

#노래 좀 안 부르면 안 돼?
sing

....Can you NOT sing?

#게을러지지 않으면 안 돼?
lazy

....Can you NOT be lazy?

#네 가방 좀 여기다 안 두면 안 돼?
bag / put=놓다, 두다

....Can you NOT put your bag here?

#가서 전화 좀 받을 수 있어?
go / phone / answer=대답하다, 전화 받다

....Can you go and answer the phone?

#우리 안 가면 안 돼?

....Can we NOT go?

#제가 여기서 자면 안 돼요?
sleep

....Can't I sleep here? / Can I not sleep here?

#좀 무례하지 않을 수 없어요?
rude [*루드]

....Can you NOT be rude?

#쟤(남)는 좀 안 늦을 수 없대?
late

....Can he NOT be late?

> ## 하나만 기억하세요!
> ## 질문 만들 때는 어떻게 한다?
> ## 무조건 뒤집는다!

207

날치 스텝.
날치가 영어로 뭘까요? 나는 물고기,
flying fish [*플라잉 *피쉬]!
날치가 바다 위를 날아다니듯, 이 날치 스텝
에서 배우는 것들은 위치가 기둥 구조처럼
딱 정해져 있지 않고 여기저기 잘 나타납니
다. 여러분은 가장 많이 쓰는 것부터 익히
면 됩니다. 이번 것은 문장 맨 뒤에 잘 나타
나니 예문에서 꽁지에 그냥 붙이세요.

또! 다시!를 뜻하는 영어,
뭐죠?

AGAIN!

그럼 다양하게 문장을 만들어보죠.

#피아노 쳐봐!
> play [플레이] <

→ Play the piano!

악기 앞에는 the를 붙여주는데 나라마다 고유한 악기가 있어서 모르는 악기를 이름으로만 들으면 악기인지 뭔지 모르니 the를 붙여주는 것 같아요.

#쳐봐!
#다시 쳐봐!

→ Play!

→ Play again!

간단하죠? 엑스트라처럼 뒤에 붙이면 돼요.

#고객님 주소를 여기에 적어주실 수 있나요?
> address / write <

Can부터 말하고 영어는 상대가 있으면 무조건 you니까 → Can you

'쓰다'는 write이고, 엑스트라가 '여기, 주소' 2개인데 자연스럽게 들리는 선택을 하라고 했죠?

extra   '적다' 다음엔 '무엇을'이 더 자연스럽겠네요.   → your address

나머지 엑스트라와 마법 단어를 붙이면 끝!

→ Can you write your address here, please?

#여기에 사인해주세요.
#다시 사인해주시겠어요?

→ Sign here, please.

→ Can you sign again, please?

sign은 서류상에 '사인하다'를 말하는 것이지 연예인 사인이 아닙니다.
그러니 이미지로 서류에 사인을 하는 행동을 떠올리세요. do 쪽이죠.

#여기에 다시 사인해주시겠어요?

→ Can you sign here again, please?

개인마다 자기 사인을 만들면서 연습하죠? 이때의 '사인'은 콩글리시입니다.
'사인'은 영어로 signature [시그네처]예요.

#너 사인 다시 연습해봐.
> practice [프*락티스 / 프*렉티스] <

→ Practice your signature again.

연습

#우리는 또 이길 수 있어!
win

....We can win again!

#쟤네들이 너의 마음을 다시 조정할 수 있어.
mind [마인드] / control=조정하다

....They can control your mind again.

#우리 다시 시작할 수 있을까?
start

....Can we start again?

#다시 골라.
choose [추~즈]=고르다

....Choose again.

#제 딸이 다시 지원할 수 있나요?
daughter / apply [어플'라이]=지원하다

....Can my daughter apply again?

#다시 확인해주세요.
check=확인하다 / please

....Please check again. / Check again, please.

---

again 활용법을 하나만 더 접해보죠.

상황) 여기 있으면 안 되는 사람이 돌아왔어요.
#너 또 여기 있으면 안 돼!

→ You can't be here again!

그런데! 상대방이 말을 안 들어먹네요. 아~ 진짜.
다시 말하는데, 너 여기 있으면 안 된다고.
보세요! 한 말 다시 하고 있죠.

다시 말하지만! 다시 내가 말하는데!

이 말을 영어에서는 한 단어로 끝낼 수 있어요. → **Again**

대신 이럴 때는 앞쪽으로 붙어야 더 자연스럽겠죠. '내가 방금 한 말을 반복한다'는 것이니, 앞에 둡니다.

→ Again, you can't be here.

다시 말하는데, 너 여기 있으면 안 된다고.

Again, you can't be here.

#소리 좀 안 지르면 안 돼?
scream [스크*림]=소리 지르다

.... Can you NOT scream?

#다시 말하는데, 소리 좀 안 지르면 안 돼?

.... Again, can you NOT scream?

#또 말하는데, 음주운전 하지 말라고!
drink / drive

.... Again, don't drink and drive!

#다시 말하는데, 이해할 수 있다고.
understand

.... Again, I can understand.

#다시 말하는데, 넌 이길 수 없어.
win

.... Again, you can't win.

#내가 다시 말하는데, 지금 숙제해!

.... Again, do your homework now!

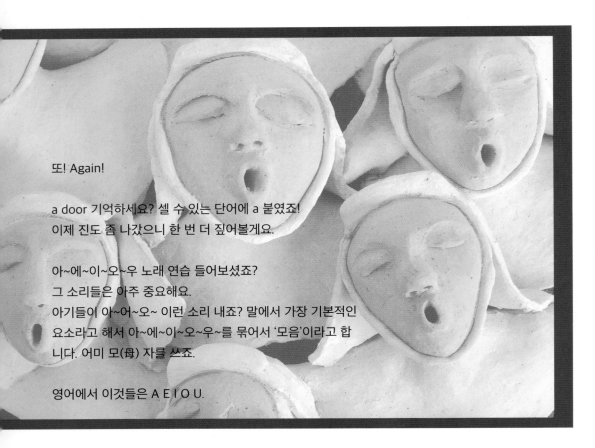

또! Again!

a door 기억하세요? 셀 수 있는 단어에 a 붙였죠!
이제 진도 좀 나갔으니 한 번 더 짚어볼게요.

아~에~이~오~우 노래 연습 들어보셨죠?
그 소리들은 아주 중요해요.
아기들이 아~어~오~ 이런 소리 내죠? 말에서 가장 기본적인
요소라고 해서 아~에~이~오~우~를 묶어서 '모음'이라고 합
니다. 어미 모(母) 자를 쓰죠.

영어에서 이것들은 A E I O U.

잘 보세요. 자동차는 a car [카] 해서 'ㅋ'으로 시작하죠.
그런데 사람의 눈은 영어로 eye [아이]여서 아~로 시작되죠?
이렇게 아~에~이~오~우~어~ 발음 가운데 하나로 시작될 때는 a가 아닌 **an** [언]이 붙습니다.
→ **an eye**
그냥 발음 편하라고 하는 장치입니다.

a도 거슬리는데, an까지 나오니 복잡하게 느껴지시나요? 이제부터 예문에서 계속 볼 테니까 생소
하게만 느껴지지 않으시면 돼요. 별로 중요치도 않고 적응하는 시간만 걸리니 알아만 두세요.

하나만 더!

'a car'가 'the car'가 되는 경우 많죠?
'an eye' 말고 'the eye'일 때는 어떤 변화가 있을까요?
모양은 그대로, 발음은 **the [디]** eye로 바뀝니다.
초반에는 the [더] eye라고 자주 실수하지만 중요치 않아요.
그럼 이제 연습장에서 an과 the [디] 연습하고 끝낼게요.

#계란 프라이 못 하냐?
egg / fry [*프*라이]

....Can't you fry an egg?

#우산 하나 빌려도 될까?
umbrella [엄'브렐*러] / borrow [버*로우]

....Can I borrow an umbrella?

#비행기 만들 수 있으세요?
airplane / build

....Can you build an airplane?

#지우개 하나 좀 빌릴 수 있을까?
eraser [이'*레이져] / borrow

....Can I borrow an eraser?

#지우개 좀 다시 빌릴 수 있을까?

....Can I borrow an eraser again?

#배우한테 다시 전화해!
actor / call

....Call the actor again!

#기름 사용해.
oil / use

....Use the oil.

#응급차 불러요!
ambulance / call

....Call an ambulance!

Plural

아래 문장을 영어로 바꿔보세요.

#훌륭한 남자가 되어라!　　　　　　　　→ Be **a** great man!

#거짓말쟁이가 되지 마!　　　　　　　　→ Don't be **a** liar!

영어는 '숫자'로 세상을 바라본다 했죠. 'one'이라 말하기 귀찮아서 간단하게 a로 쓴다고 했습니다.

사람 코를 말할 때도　　　　　　　　　　→ **a** nose

입을 말할 때도　　　　　　　　　　　　→ **a** mouth [마우*스]

하지만 사람 눈은 2개여서 눈**들**이라 말합니다. 영어로 노래한다면

"사과 같은 내 얼굴~ **눈들**도 반짝! 코도 반짝~ **귀들**도 반짝반짝" 해야 한다는 거죠.

굳이 얼굴까지 그렇게 정확하게 나눠야 하느냐며 지나치다고 느낄 수도 있지만, 우리도 숫자가

여러 개 있는 사물에 '들'을 붙이기도 하죠? 영어도 마찬가지로 뒤에 s를 붙인답니다.

해볼까요?

#돼지 한 마리　　　　　　　　　　　　→ a pig

그럼 여러 마리는?

pig 뒤에 s 붙여서 발음은 자연스럽게 [피그즈]가 됩니다. → pigs

앞에 a는 'one' 대신 사용한 것이니 당연히 빼야죠.

#돼지 열 마리　　　　　　　　　　　　→ ten pigs(10 pigs)

#책 한 권　　　　　　　　　　　　　　→ a book

#책들　여러 권도 뒤에 s를 붙여서 만듭니다.　→ books [북스]

[피그즈], [북스] 똑같이 뒤에 s가 붙은 건데 발음이 달라지죠?

그렇게 발음해야 더 자연스럽게 느껴져서 바뀐 것 같습니다. 귀찮지만 하다 보면 입에 붙어요.

#내 다리를 못 움직이겠어. (양쪽 다리)
leg / move [무*브]

....I can't move my legs.

#눈 가려! (양쪽 눈)
eye / cover [커*버]

.... Cover your eyes!

상황) 옮겨야 될 가방이 여러 개 있을 때
#내 가방들 좀 들어줄 수 있어?
bag / carry [캐*리]

....Can you carry my bags, please?

#가서 네 언니들 좀 데리고 올 수 있어?
bring [브*링]=데려오다

....Can you go and bring your sisters?

#가서 손 씻어.
go / hand / wash=씻다

....Go and wash your hands.

#개들이 베이컨 먹을 수 있나요?
dog / bacon / eat

....Can dogs eat bacon?

이번에 나오는 것은 스펠링이 피곤할 뿐 그리 중요하지는 않으니 편하게 보세요.
아래 문장을 영어로 바꿔보세요.

#스터디의 스펠링을 해보세요!

명령 기둥!

스펠링하는 것은 행동이니까 do 쪽, 단어 그대로 → Spell

말하고 생각하세요. 뭘 스펠하라고 하죠? 스터디죠.

→ Spell study!

그러면 상대는 이렇게 철자를 하나씩
말하게 됩니다.
S-T-U-D-Y
이게 spell을 하는 거죠.

#버스 한 대는 영어로?   → a bus
버스가 여러 대 있을 때는 난감해지죠? 버스는 원래 s로 끝나는데 buss, 버스스는 우리가 봐도 이상
하잖아요. 그래서 s 소리가 날 수 있도록 es 스펠링을 붙여줍니다. → buses [버시즈]
이러면 자연스레 발음이 [이즈]로 바뀌어요. [이]는 발음이 약해요.
지금은 암기 안 해도 되니까 그냥 편하게 보세요.

왜 이리 자꾸 바뀌느냐고요? 우리말도 마찬가지예요.
꽃꽂이를 [꼳꼬지]라고 하지 [꽃꽂이]라고 한 글자씩 떼어서 발음하면 어색하죠?
언어는 생활과 밀접하니 억지스러운 발음은 하지 않으려는 거예요.
우리말에서도 '없읍니다'가 '없습니다'로 맞춤법이 바뀐 것처럼요. 자연스러운 쪽으로 변하는 거죠.
그럼 이제 문장으로 만들어보세요.

꽃꽂이[꼳꼬지]

#가서 토마토 5개 가지고 와줘.
go / tomato / bring

.... Go and bring 5 tomatoes please.

#설거지 해줄 수 있어?
wash the dishes (=do the dishes)=설거지를 하다

Can you wash the dishes?
.... (Can you do the dishes?)

#우리가 보드카 얼릴 수 있나?
Vodka / freeze [*프*리~즈]=얼리다

.... Can we freeze Vodka?

#소원들은 이루어질 수 있어요.
wish [위시]=소원 / happen [해픈]=일어나다, 발생하다

.... Wishes can happen.

영어는 수를 좋아하다 보니 다양한 방식으로 변화가 생겨납니다. 그냥 봐두시면 돼요.
먼저 사람 몸에 관련된 것부터.

#여자 한 명? → a woman
여자 여러 명은? 끝에 s가 안 붙고, 대신 두 번째 '모음'이 e로 변합니다.
→ women [위민]

#남자 한 명은 → a man
남자 여러 명은? 마찬가지로 → men [멘]
이 한 개 → a tooth [투*스]
이 2개 이상은 → teeth [티*스]
발도 하나일 때는 → a foot
그래서 축구를 영어로 football이라고 하죠.
발이 2개일 때는 → feet
이의 변화와 비슷하죠? a tooth - teeth : a foot - feet

143

이건 들어보셨을 거예요.

#아이들은 영어로?   → children [칠드런]

그럼 아이가 한 명일 때는? 뒤에 ren 빼고   → a child [차일드]

참 다양하죠? 우리말의 한 명, 한 권, 한 마리, 한 대, 한 개, 한 잔 등등 많은
단위를 생각하면 그래도 영어는 외울 게 덜해요.

그럼 마지막!

떼로 우르르 몰려다닐 땐 숫자 세기가 힘들죠?
양, 물고기, 사슴 같은 동물은 한 마리든 여러 마리든 모양이 똑같답니다.

양 한 마리	→ a sheep
양 여러 마리	→ sheep
사슴도 떼로 다니죠? 사슴 한 마리	→ a deer
사슴 여러 마리	→ deer
생선도 떼로 몰려다니죠? 생선 한 마리	→ a fish
생선 여러 마리	→ fish

대신 생선은 종류가 다양해서 종류를 말할 때는 fishes라고 쓰는 것을
볼 수 있답니다. 쓸데없어 보이지만 상식적이긴 하죠? 그럼 이번에 접한
단어들을 가지고 일상에서 CAN 기둥으로 예문을 만들어보세요!

2⁰⁹ 의문문
YN Q 2

YES NO QUESTION

영어로 질문하는 법은?

순서를 뒤바꾸면 끝이랬죠.
이번에는 질문 2탄으로 특이하게
대답하는 것을 구경해볼게요.
먼저 영어로 만들어보세요.

#이 영어 문장 번역할 수 있어?

> sentence [센턴스]=문장 / translate [트*란슬레이트]=번역하다 <

→ Can you translate this English sentence?

#응. 이 문장 번역할 수 있어.

→ Yes, I can translate this sentence.

#너는 이 문장 이해 못 해?

→ Can't you understand this sentence?

어. 이해 못 해.
자! 조심!! 집중하세요.

우리말은 **어. 그래.** 이해 못 해. 라고 하죠.
'어'라고 먼저 답하면서 상대의 질문에 그렇다는 Yes 사인을 보내요.
영어는 그렇지 않습니다. 어떤 말이든 **무조건 내가 아니면** No 먼저 들어갑니다.
내가 이해 못 한 거면, "아니, 이해 못 해"입니다. → No, I can't understand.
상대의 질문에 긍정, 부정을 따로 하지 않고, 내가 아니면 아니라는 메시지 전달을 위해 No로 말한
답니다. 그래서 여러분이 우리말에서처럼 Yes로 대답하면 '이해할 수 있구나' 하고 알아듣습니다.

우리는 늘 이 부분이 헷갈리기 마련이고 한 번쯤은 소통이 어긋나는 상황을 겪기도 하죠.
대답은 무조건 내가 아니면, No. 내가 그러면 Yes!

동양에선 손님을 대접할 때 음식을 잘게 잘라 젓가락으로 편하게 집어 먹도록 하고, 서양에서는 본인
양에 맞게 알아서 먹도록 고기를 덩어리째 놓고 칼과 포크를 주잖아요.
대답처럼 문화도 서로 참 다르죠? 이런 대답 방식은 익숙해지면 기억하기 쉬우니까 걱정 마세요.
이제 연습해보죠.

#A: 못 기다리겠어?
wait

.... Can't you wait?

#B: 어, 못 기다려.

.... No, I can't wait.

#A: 그분(여) 남편이 드라이클리닝 가지러 올 수 없어?
husband / dry cleaning / pick up

.... Can't her husband pick up the dry cleaning?

#B: 응.

.... No.

#A: 쟤(남)는 창의적이지 못해?
creative [크*리'에이티*브]=창의적인

.... Can't he be creative?

#B: 아니, 쟤 그럴 때도 있어.

.... Yes, he can be.

#A: 우리가 못 도와줘?

.... Can't we help?

#B: 아니, 도와줄 수 있지.

.... Yes, we can help.

2 10

전치사 / 부사

껌딱지 up이랑 down 기억나시죠?

2개 더 배워봅시다!
밖으로 나가는 것과,
안으로 들어오는 것.

먼저 '안으로' 느낌의 껌딱지는 **in**.
사용법은 같아요. '안'이라는 느낌이
필요한 곳에 껌처럼 붙이기만 하면
됩니다.

여러분이 많이 아는 **Come in!**
어때요? 명령 기둥 보이세요?
Come → 오세요. in → 안으로.
자연스러운 우리말 표현은
→ 들어오세요.

in

out

상황) 목마가 성 앞에 도착했습니다.

#넌 못 들어와!

'못 들어온다! 그렇게 못 한다!'는 무슨 기둥이죠? CAN 기둥이죠?

→ You cannot come in!

#넌 여기 안에 들어올 수 없다!

엑스트라 here를 붙여서

→ You cannot come in here!

목마 속에 숨어 있던 병사가 나와 외칩니다.

#Give in!

단어를 직접 번역하면(직역) "안을 내줘라!" 정도 되겠지만 "항복해라! 포기해"를 이렇게도 씁니다.

포기해라!

하면 많은 분이 "Give up!"을 떠올리시죠?

그것도 맞는데 여기선 왜 다른 껌딱지를 사용했을까요?

껌딱지들이 아무 이유 없이 붙어 있는 건 아니니까 잘 보세요.

'Give up!'은 누군가 들어오려고 하는 느낌(in)은 없습니다. 누군가 자신의 마음을 바꾸려고 애쓰는 느낌이 없는 거죠. 스스로 뭔가를 포기할 때, 쓰는 표현이 'give up'입니다.

#지금 네가 포기하면 안 되지!

→ You cannot give up now!

하지만 **Give in!**은 '압박한다고 내가 지키는 것을 내주지 않을 거야' 같은 느낌이 있습니다.

굳이 나누자면 Give in!은 "굴복해라! 단념해라!" 같은 뜻이에요.

하지만 친구끼리는 이런 말을 잘 사용하지 않죠?

영어로 Give in! Give up!은 둘 다 쉽게 사용하는 단어랍니다.

그럼 '안'의 in과 반대되는 껌딱지는 뭘까요?

야구에서 세 번째 스트라이크가 들어가면
Out! 아웃~~ 하죠!
그럼 타자는 더 이상 공을 못 치고 밖으로 쫓겨
납니다. 바로 그것이 in과 반대인 out이에요.

호텔에서 투숙 절차를 밟는 것을 '**체크인**'이
라고 하죠?
영어로 check in도 안으로 들어가려고 체크한
다는 얘기입니다. 그럼 반대로 방을 비울 때는
check out이겠죠.
이제 in과 out을 퀴즈로 해볼게요.

#Put your hands up!

put은 '놓다'라는 뜻의 단어입니다. '책상 위에 책을 놓다', '식탁에 수저를 놓다'라는 뜻으로 정말 많이 쓰여요.

Put your hands... 너의 손을 어디에 놓으라고 하죠?
up! 양손을 공중에 놓으라니 올리라는 거죠.
공연장에서도 자주 하는 말입니다.

#손을 위로 올리세요!

→ Put your hands up!

상황) 선생님이 반 학생들에게 말합니다.
#눈을 감으세요!
> eye / close [클로즈] <

→ Close your eyes!

#엿보지 마시고.
> peek [픽크] <

→ Do not peek.

#양손을 앞으로 내봐요.

→ Put your hands out.

껌딱지의 위력이 보이죠? up에서 out으로 바꾸니, 앞으로 내민다는 뜻이 되었잖아요.
영어가 웃겨요. 이런 식의 말을 항상 씁니다.

#(화재) 불 꺼!

→ Put out the fire!

왜 put out을 쓰는지 머릿속으로 이미지를 그려보세요.
물을 불 위에 '놓으니까'   → put
out은 나가버리라는 건데 뭘 나가게 하죠? 불이죠.   → out the fire!

껌딱지를 이렇게 해석하면 재미있답니다. 이제 연습장에 배운 것을 기둥과 섞어볼테니 이미지를 상상하면서 만들어보세요.

#숨 들이마시고~ 내쉬고~.
breathe [브*리*드]

.... Breathe in and breathe out.

#뛰어나가지 마!
run

.... Don't run out!

#오늘 밤엔 난 못 나가.
tonight [투'나잇] / go

.... I can't go out tonight.

#사랑에 빠지지 마.
love / fall=떨어지다, 빠지다

.... Don't fall in love.

#우리 나가서 놀아도 돼요?
go / play

.... Can we go out and play?

153

옆길은 영어로 sidetrack [사이드트*랙]이라고 합니다.
side는 측면을 말하니 길의 side는 '옆길'이겠죠? track은 달리기 할 때의 그 트랙이에요.
그래서 sidetrack은 정해진 트랙의 side(옆)로 샜다는 거죠.
중심을 두고 양옆을 얘기할 때 side라고 합니다.
자동차 옆에 달린 거울도 side mirror [사이드 미*러]라고 말해요.

중앙에 서서 양쪽 옆인
#왼쪽, 오른쪽을 말할 때는?   → left side, right side
#중앙은 영어로? 'middle', 그래서 중학교를 'middle school'이라고 하죠.
#내 왼쪽 편   → my left side
#너의 어두운 면   → your dark side
#안쪽   → inside
#바깥쪽   → outside
벽을 기준으로 안과 밖을 나눈 거죠. 이제 저 단어들에 왜 side가 붙었는지 알겠죠?
#밖에 나가지 마!   → Don't go outside!

외국 호텔을 가면 아침 식사로 다양한 형태의 달걀이 제공됩니다. 계란을 익히면서 뒤집지 않아 노른자가 깨지지 않은 채 흰자만 익은 계란을 영어로 #sunny side up이라 해요.
직역하면, sunny: 태양이 비추는, side: 면, up: 위쪽, 그래서 태양을 비추는 면이 위쪽에 있는 계란이 돼요. 웃기죠? 영어로 말해보세요.

#제 계란 뒤집지 마세요.
flip [*플립]   → Don't flip my egg, please.

다음 퀴즈는 힌트를 드릴 테니 읽고 맞혀보세요.
뚜껑은   → lid [리드]
#뚜껑 닫아.   → Close the lid.

눈꺼풀은   → eyelid [아이리드]
#양쪽 눈꺼풀   → eyelids [아이리즈]
뒤에 s가 붙은 거죠. 눈이 2개잖아요.
자, 그럼 이미지 퀴즈!

#Can you turn your eyelids inside out?
turn your eyelids는 돌려 / 눈꺼풀들
inside out은 안쪽을 뜻하는 inside가 out인 바깥에 있는 겁니다.
다시 말해 **inside out**은 뒤집으라는 겁니다. 어릴 적에 눈꺼풀 뒤집을 줄 아는 아이들 있었죠?

같은 방식으로 만들어보세요!
#조끼 뒤집어서 입어.
vest [*베스트] / wear [웨어]   → Wear the vest inside out.

다음은 무슨 뜻일까요?
#Place the cups upside down.
Place the cups에서 place는 주로 '장소'라는 단어로 알지만, 두비 자리에 넣으면, 'place를 하라~'는 뜻으로 '배치해라, 정해진 장소에 놓아라'로 바뀝니다.
컵을 배치하는데 upside down하게 하라는 거죠. 위쪽 면이 down, 밑으로 오게, 의역하면 '거꾸로'라는 뜻이 되는 겁니다. "컵 거꾸로 배치해주세요"라는 뜻인 거죠.

응용해서 아래 문장을 영어로 만들어보세요.
#너 물구나무서기 할 줄 알아?   → Can you stand upside down?

껌딱지가 얼마나 다양하게 사용되는지 보이시죠?
계속 나올 테니까 다 외우려 하지 말고 느낌부터 기억하며 다양하게 접하세요.
그럼 이제 영어를 공부할 때 자주 하게 되는 말을 배우고 마무리할게요.

우리나라 말인 한국어를 영어로는 'Korean'이라고 하죠.
어원이 '고려'라는 말도 있고, 소리가 비슷하죠?
우리는 England를 '영국', 그래서 English를 '영어'라고 이름 붙였습니다.

꼬리가 길고 얇은 날아다니는 곤충을 우리는 '잠자리'라고 부르지만
영어에서는 dragonfly라고 해요. dragon은 용인데, 이름이 거창하죠?
가장 자유자재로 날 수 있는 생명체가 바로 잠자리,
dragonfly라고 하더군요.
fly를 둣비 자리에 넣으면 '하늘을 날다'라는 뜻이 되지만
다른 자리에서는 곤충인 '파리'를 말합니다.
하루살이는 mayfly, 5월에 잘 나타나는 날벌레여서 그렇게 붙였답니다.
집에 과일 오래 두면 생기는 초파리는 fruit fly(과일 파리)라고 하죠.

이렇게 같은 뜻을 두고 서로 다르게 붙인 이름을 보여주는 것이 사전입니다.
한쪽에는 한국어가 있고, 다른 쪽에는 같은 것을 가리키는 영어가 있죠.
"그 말을 영어로 해봐"를 영어로 바꾸면 "Speak in English"입니다.
같은 말을 영어 안에 있는 말로 바꿔보라는 거죠.
"Speak English"와는 다른 뜻이에요.
Speak English는 **"영어 해봐."**
Speak **in** English는 "영어**로** 말해봐."

좀 더 재미있는 단어들도 만나볼까요?
'해파리'는 영어로

→ jellyfish(젤리 물고기)

'해삼'은 영어로

→ sea cucumber [큐컴버](바다 오이)

'향수병'은 영어로

→ homesick(아픈 것이 sick입니다)

'멀미'는 영어로

→ carsick(차를 타서 아픈 거잖아요)

이제 연습장에서 적용해보고 마무리할게요.

#난 네 이름을 영어로 스펠링 못 하겠어.
name / spell [스펠]

.... I can't spell your name in English.

#난 '소시지'를 영어로 발음 못 해.
pronounce [프*러나운스]=발음하다

.... I can't pronounce '소시지' in English.

#그쪽 주소 좀 영어로 써주세요.
address [아'드*레스]=주소 / write

.... Write your address in English, please.

#너 이름 영어로 스펠링해봐.

.... Spell your name in English.

#밖에서 기다리세요.

.... Please wait outside.

누군가와 함께 영어 말하기를 연습하는데 상대가
갑자기 한국어로 말하면
#영어로! In English!

오늘은 피곤한데 연습하자면서 영어로 말을 걸면
#한국말로! In Korean!

그럼 이제 배운 문장들을 말하면서 속도를 올려보세요.

Take

커피숍에서 take-out 간판 자주 보죠? take는 영어에서 많이 사용하는 단어예요.
영영사전에서 뜻이 36개, 영한사전에서는 뜻이 42개가 나옵니다.
하지만 영어 하는 사람들이 저 뜻을 다 외우는 것은 아니에요. 한 가지 동일한 느낌이 있답니다.
여러분도 그 느낌만 감으로 키우면 돼요.

take는 늘 커피숍에서 자주 보는 **take out**을 기억하세요.
커피숍에서 coffee를 주문하고 커피가 나오면 손으로 잡아서 챙기죠?
이 행동이 바로 take입니다. 챙기는 거죠. **뭐든 간에 자기 손안으로 들어오게 챙기는 것이**
take예요. 간단하죠?
그럼 뒤에 껌딱지 out은 어떤 뜻일까요?
Out! 야구에서 말하는 밖으로, 커피를 챙겨 밖으로 나가는 것이 take out.
포장해서 챙겨 가는 거죠.

패스트푸드는 영어로 fast food, 빠른 음식, 이미 준비되어 빠르게 나오는 음식을 말하고
Fast food restaurant은 맥도널드 같은 곳을 말합니다. 식당에서 먹지 않고 포장한 음식은
'takeout food'라고 말한답니다. 역시 챙겨서 밖으로 가져가는 음식인 거죠.

take는 '챙긴다'는 한 가지 느낌으로 많은 곳에서 쓰이니 볼 때마다 왜 썼는지 이미지를 상상하면
응용 능력이 생긴답니다. 시작해볼게요.

#Take a break!
명령 기둥. 뭘 챙기라고 하나요?
a break는 '휴식'을 뜻해요.
break가 두비 자리에 있으면 '부수다, 깨다'
라는 뜻인데, 뭔가 지속된 행동을 깨는 거니까
'휴식'에 재활용한 거죠.
쉬는 시간은 영어로 → a break time

#좀 쉬어. 휴식 좀 가져!
> → Take a break!
휴식을 네 것으로 챙기라는 뜻입니다.

#Take a trip!
trip을 챙기라니 무슨 뜻일까요? trip은 날짜
의 시작과 끝이 있는 여행을 말합니다. 정처
없이 여행을 다니는 것이 아닌 '1주일 동안 태
국을 갔다 와야지', '3주 동안 유럽을 갔다 와
야지' 하는 여행을 a trip이라고 합니다.
이번 여행은 뉴질랜드로, 다음 여행은 스페인
으로, 이렇게 여행을 한 번, 두 번 셀 수 있어서
a trip, two trips라고 한답니다.
Take a trip! 챙기라네요. 여행을.
#여행 다녀와! 여행 가!
> → Take a trip!

#네 약 먹어!
많은 분이 "Eat"으로 시작하실 텐데 eat은 입
으로 씹어서 '냠냠' 하고 먹는 행동이에요. 보
통 약은 그렇게 안 먹죠? 그래서 약이 있으니,
챙기라는 말로 씁니다.
약은 영어로 medicine [메디쓴]
> → Take the medicine!
> → Take your medicine!

이런 식으로 eat을 쓰기에는 애매모호할 때
'자기 것으로 하라~' 해서, take로 간단하게 대
체할 수 있는 거죠. 쉬운 문장 먼저 만들어보
세요.

#우산 가지고 가!
> 우산은 umbrella [엄'브*렐러] <
> → Take an umbrella!

take는 쉽지만 중요한 것이니 꼭 기억하세요.
이제 마지막!

#Take your time!
무슨 뜻 같아요?

직역하면 너의 시간을 챙기라는 거잖아요.
다른 거 신경 쓰지 말고, 네 시간을 챙겨라, 네
편한 속도로 해라, 천천히 해도 된다는 뜻입니
다. 시간 걸리는 것 신경 쓰지 말고, 네 시간
을 챙겨!

#천천히 해! 편하게 해!
> → Take your time!

참 다양하게 쓰이죠. 알수록 유용하게 사용할
수 있으니 이제 어디선가 take를 보면
'뭔가 챙긴다'는 것을 기억하며 상상하세요.

이제부터 코스에서 다양한 take 예문들이 나
올 겁니다.

소유격

기본으로
입에서
빨리 나와야
하는 스텝!

#내 가방 → my bag
#너희 집 → your house

이번에도 벽돌 바꿔치기처럼 단어만 바꾸면 됩니다.

#내 꿈 → my dream
#너의 꿈 → your dream

그럼 **우리의 꿈**은? **our** [아우어] dream

간단하죠! 같이 만들어볼게요.

#우리는 우리의 꿈을 성취할 수 있어!
> achieve [어'취*브] <

누가 성취할 수 있대요? 우리 → We
'할 수 있다'는 거니까 CAN 기둥 → can
뭘 할 수 있다고요? 성취할 수 있다, 이건 행동이니까 do.
→ achieve
extra 뭘 성취하죠? 우리 꿈 → our dream
→ We can achieve our dream!

our 쉽죠? 그럼 하나만 더!

#얘네들의 희망이 되어주세요!
우리 희망 말고, 얘네들의 희망이니까 **their** [데얼].
이 단어는 th로 시작하지만
그냥 [ㄷ] 발음이 나니 편하게 발음하세요! 이제 문장으로 만들어보죠.

#얘네들의 희망이 되어주세요!
→ Be their hope!

#그들의 희망이 되어주세요!
→ Be their hope!

단어만 바꿔치기하면 되죠. 이제 our와 their를 알았으니 연습해서 입에
붙이면 끝이에요!

#우리 행성을 지켜주세요.
planet [플라넷] / protect [프*로'텍트]
.... Protect our planet.

#우리 미션이 성공적일 수 있을까?
mission / successful [썩'세스*플]
.... Can our mission be successful?

#저 애들의 감독이 되어주실 수 있으세요?
manager [메니저]
.... Can you be their manager?

#우리나라는 이길 수 있습니다!
country [컨츄*리] / win
.... Our country can win!

#쟤네들 목표는 작을 때가 있어.
aim [에임]=목표 / small
.... Their aim can be small.

#오늘 우리의 어린이들을 도와주세요.
children / help
.... Help our children today.

#쟤네들 기회를 망치지 마!
chance / ruin [*루인]=망치다
.... Don't ruin their chance!

영어공포증

손발 다 쓰면 영어로 어느 정도 말할 수 있을 것 같은데, 그래도 남들 앞에서 틀리는 것이 창피해 피하는 분들 있죠? 제대로 못 할 거면 아예 하기 싫은 분들도 있고요? 저도 그렇답니다.

일대일의 환경은 괜찮은데, 예상치 않게 갑자기 다른 사람들 앞에서 말하라고 하면 정신없고, 친한 이들이 보는 앞에서 말하려면 더 쳐다보는 것 같아 입을 다물게 되죠. 그런데 이것은 실제 영어 실력보다는 무대 공포증 같은 겁니다. 외국어 말하기는 라이브 공연과 같다고 보면 돼요. 이미 많이 해본 공연이면 긴장을 덜하겠지만, 갑자기 무대 위에 서서 즉흥적으로 뭔가를 해보라면 많이 해본 사람이 아닌 이상 긴장하기 마련입니다. 이런 상황을 잘 아는 이들, 특히 남들 앞에서 '망가지는 것'을 즐기는 코미디언들은 영어로 실수하는 것을 덜 창피해하죠.

사! 부내노 시작만 살 넘어가면 좀 수월해지는 것처럼 외국어도 마산가지입니다.

제가 영국에서 영어로 생활한 지 5년째 되던 해 여름방학이었어요. 영국 학교의 여름방학은 6-9주 정도인데 그 방학 때 저는 한국을 방문하여 대부분 우리말만 사용했습니다. 하루는 친구들 앞에서 외국인에게 뭔가를 물어봐야 하는 상황이 생겼는데 갑작스러움에 저도 모르게 당황하여 부드러운 대화를 못했습니다. 알고 보니 그분들은 영어를 못하는 외국인이었고 흐지부지 대화가 끝났습니다. 개인적으로 창피했죠. 그리고 같은 날 친구들과 있는데 영국 친구에게 전화가 왔습니다. 이번엔 편하게 영어로 대화를 했죠. 같은 날인데도요.

그때 알았습니다. "아~ 안 쓰다 갑자기 쓰려고 하니까 정말 당황스럽구나. 한국말만 하다가 갑자기 영어로 말을 꺼내니 정신이 없네."
처음 외국인을 만나면 "한국말이나 영어 할 줄 아세요?"라는 질문을 먼저 해야 했는데 생각지 못했던 거죠. 그 이후로 갑작스러운 상황이 생기면 무슨 말을 할지 머릿속에 정리를 했습니다. 그렇게 두세 마디의 시작할 수 있는 말을 정리해두니, 다시 그런 상황이 생겼을 때는 수월하게 넘어갔죠.

이건 언어 실력이 아니라, 그런 상황을 예상치 못해 당황하며 버벅거리는 것이 더 큽니다. 처음 뱉는 말이 잘 안 나오면 당황스러운 감정이 통제되지 않아 점점 더 말이 꼬이고 아예 말을 안 하게 되는 거죠. 영어를 생활화한 저도 그랬는데 초보자면 더 버벅거릴 수밖에요.

지금은 코스 초반이니 배운 것만으로는 당연히 말하는 데에 한계가 있죠.
하지만 어느 순간 영어를 좀 할 줄 알게 될 때 생길 수 있는 상황을 대비하여 지금부터 조바심 내지 말고 천천히 말하세요. 못 알아들으면 당황하지 말고 그 말이 이해되지 않는다고 자연스럽게 대꾸하면 됩니다. 그럼 급한 사람이 말을 쉽게 바꿔줄 겁니다. 자신이 상상할 수 있는 상황을 미리 준비하기 시작하세요. 훨씬 수월해집니다.

● 만약 상대가 기분 나쁘게 하면,
한국말 못 하세요? "Can't you speak Korean?"이라고 상대해주면 되겠죠.

그럼 마지막 복습! 영어로 빨리 말해보세요.
#내 희망   → my hope
#네 희망   → your hope
#얘(여) 희망   → her hope
#개(남) 희망   → his hope
#우리 희망   → our hope
#걔네들 희망   → their hope

163

213

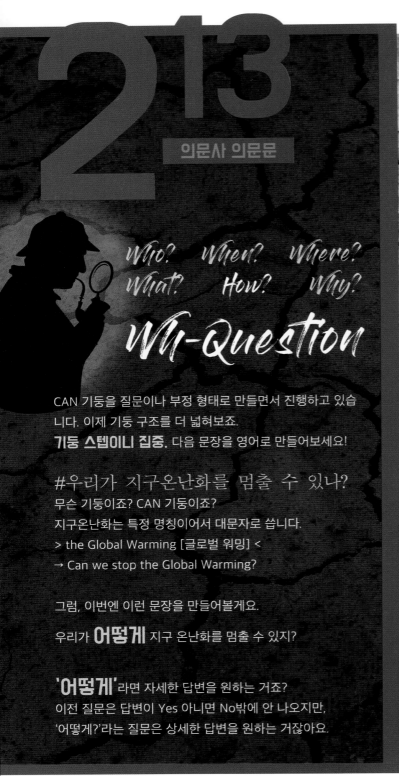

Who? When? Where?
What? How? Why?

Wh-Question

CAN 기둥을 질문이나 부정 형태로 만들면서 진행하고 있습니다. 이제 기둥 구조를 더 넓혀보죠.
기둥 스텝이니 집중. 다음 문장을 영어로 만들어보세요!

#우리가 지구온난화를 멈출 수 있나?
무슨 기둥이죠? CAN 기둥이죠?
지구온난화는 특정 명칭이어서 대문자로 씁니다.
> the Global Warming [글로벌 워밍] <
→ Can we stop the Global Warming?

그럼, 이번엔 이런 문장을 만들어볼게요.

우리가 **어떻게** 지구 온난화를 멈출 수 있지?

'어떻게'라면 자세한 답변을 원하는 거죠?
이전 질문은 답변이 Yes 아니면 No밖에 안 나오지만,
'어떻게?'라는 질문은 상세한 답변을 원하는 거잖아요.

사건이 일어나면 사람들은 이렇게 묻습니다.
형사: 무슨 일이야? 어디서? 언제? 어떻게? 누가? 왜?
기자: 무슨 일이죠? 누가? 어디서? 언제? 어떻게? 왜?

누가? 언제? 어디서? 무엇을? 어떻게? 왜?
이렇게 자세한 답변을 요구하는 질문들을 그룹으로 묶어 우리는
'6하 원칙'이라고 합니다.
국어 시간에 배우죠? 영어에도 있습니다.

Who?   When?   Where?   What?   How?   Why?
[후]   [웬]   [웨어]   [왓]   [하우]   [와이]
왠지 Wh가 많이 보이죠?
그래서 이런 질문들을 WH-question이라고 합니다.
자, WH는 많은 분이 안다고는 하지만 빨리 물어보면 버벅댑니다.
WH는 질문만이 아니라 다른 곳에도 자주 사용하니,
지금부터 "어떻게?" 하고 물을 땐 바로 입에서 "How?"라고 나올 수 있게 속
도를 올려놓으세요. 1분만 해도 차이가 커지니 지금 연습하세요.

구구단처럼 외우는 WH 암기 테이블
한글만 보고 빠르게 입으로 나올 때까지 반복하세요.
누가 — Who,   무엇을 — What,   언제 — When,
어디서 — Where,   왜 — Why,   어떻게 — How

누가	어디서	무엇을	언제
어디서	누가	누가	어떻게
무엇을	언제	무엇을	어디서
어떻게	어디서	왜	언제
왜	어떻게	누가	어디서
언제	무엇을	언제	왜
왜	어떻게	왜	어떻게
누가	어디서	어디서	누가
어디서	언제	왜	무엇을
언제	어떻게	어디서	언제
누가	어디서	어떻게	어디서

80% 정도 확신이 들면 진행하셔도 됩니다!

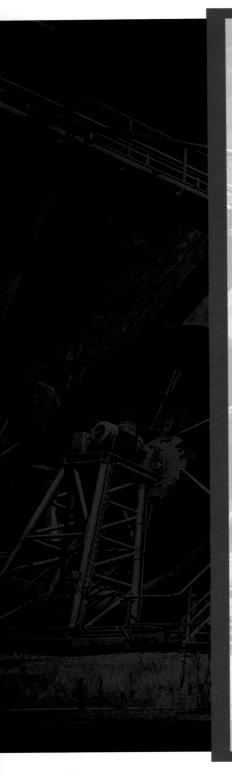

다시 보죠.

우리가 지구온난화를 멈출 수 있나?
질문을 만드는 것이 헷갈리면, 기본 문장을 먼저 만드세요.

우리가 지구온난화를 멈출 수 있습니다.
→ We / can / stop / the Global Warming.

그런 후 앞에 1번 2번만 뒤집으면 질문이 된다고 했죠.
 → Can we stop the Global Warming?

다음 질문은
우리가 **어떻게** 지구온난화를 멈출 수 있지?
영어로 '어떻게'는 how

How를 무조건 질문 맨 앞에 붙이면 끝입니다!

How 먼저 말하고 나머지 질문 그대로 이동.
→ **How can we stop the Global Warming?**

어떻게?	Can we stop?
How	**그대로 내려오기**

끝! 간단하죠?
WH 질문은 다 이런 식이고 나머지 기둥들도 같아요.
그러니 갈수록 쉬워질 겁니다.
문장 하나만 더 만들고 연습장으로 가보죠!

#넌 왜 솔직해지지 못하냐?
확실히 하기 위해 기본 문장부터 만들어보세요.
#넌 솔직해지지 못해.

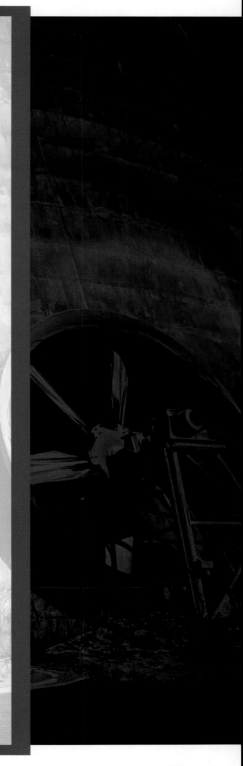

누가 못 하는 거죠? 너 　　　　　　→ You

하고 싶어도 못하는 것이니

CAN 기둥의 부정으로 　　　　　　→ can't

뭘 못 한대요? 솔직해지는 것,

'솔직하다'는 　　　　　　　　　　→ be honest

→ You / can't / be honest.

이번엔 질문으로 바꾸자고요.
#넌 솔직해질 수 없어?
앞에 1번 2번만 뒤집으면 해결

→ Can't / you / be honest?

여기까지 따라오셨나요? 겨우 따라오는 분들은 기본 질문 연습(스텝 02[06])을 더 하셔야 해요.

#넌 왜 솔직해지지 못하냐?
이 문장에서 "왜?"는 영어로 뭐죠?
Why?

그러면 앞에 Why만 붙이고, 아까 만든 질문 그대로 내려오면 끝!
→ Why can't you be honest?

왜?	Can't you be honest?
Why	그대로 내려오기

바뀌는 것 없이 그대로 내려오는 거죠.
그럼 이제 연습장에서 직접 연습해보세요. 헷갈리면 항상 기본 문장 먼저 만들고 뒤집어서 질문을 만들고, 그다음 WH를 붙여서 차근차근 쌓아나가세요.

#어디서 제가 차를 대여할 수 있죠?

car / rent [*렌트]

.... Where can I rent a car?

#왜 제 비자 카드를 사용할 수 없는 거죠?

VISA [*비~*자]=비자 카드 / use [유~즈]

.... Why can't I use my VISA?

#어디다 제가 주차할 수 있죠?

park

.... Where can I park?

#그쪽은 뭐 하실 수 있으세요?

.... What can you do?

#언제 준비될 수 있어?

ready [*레디]

.... When can you be ready?

#자긴 어떻게 확신할 수 있어?

sure [슈어]

.... How can you be sure?

#어떻게 우리는 우리 문제를 해결할 수 있을까요?

problem [프*러블름] / solve [솔*브]

.... How can we solve our problem?

#언제 시간이 날 수 있어요?

Tip: be 쪽으로 만들어보세요. / free [*프*리]

.... When can you be free?

168

어려운 단어도 결국 다 같은
구조입니다. 마지막으로 같이
문장 하나만 더 만들고
정리하죠.

#당신의 이론을
입증해주실 수 있나요?
> theory [*씨오*리] / demonstrate [데몬스트*레이트] <

누가 해줄 수 있느냐고 묻죠? 상대방 → You

해줄 수 있느냐고 하니 CAN 기둥 → can

뭘 하라죠? '입증하다'는 두비 동사에서 do 쪽. 단어는
→ demonstrate

extra 아직 엑스트라가 남았네요. 뭘 입증할까요? 당신의 이론 → your theory

→ Can / you demonstrate your theory?

다시 원상 복귀해서 원래대로 뒤집어주면
You / can demonstrate your theory.
우리말로는 "당신은 당신의 이론을 입증할 수 있네요" 이런 말이 되겠죠.

#언제 당신의 이론을 입증해주실 수 있죠?
언제는 영어로 when이죠. 앞에 붙이고, 나머지 질문 그대로 내려오면 돼요.

→ When / can you demonstrate your theory?

끝!!

한국말은 변형이 다양해요.
"**언제** 당신의 이론을 입증할 수 있죠?"
"당신의 이론을 **언제** 입증할 수 있죠?"
"당신은 **언제** 당신의 이론을 입증할 수 있죠?"

이렇게 '언제'라는 단어가 여기저기 들어갈 수 있지만 영어는 항상 위치가 동일해요.
When / can you demonstrate your theory?
이와 같이 앞에 나타납니다. 그러니 기둥 구조를 머릿속에 인지하면 편리하겠죠?
이제 혼자서 아무 때나 CAN 질문을 만들고 자꾸 앞에 WH를 붙이며 질문해보세요.

이것과 그것.

상황) 손가락으로 가리키면서 사진을 달래요.

이거? → **This**[디스]?

그랬더니 다른 사진을 가리킵니다.

저거 저거! → **That**[댓]! **That**!

요거?

영어로는 다시 this입니다.

this는 무조건 이것. that은 무조건 저것. 우리말은 이거, 요거, 조거, 그거, 다양하죠?

영어로는 다 this와 that으로 씁니다. 그러면 this와 that은 무엇이 다를까요?

우리는 스텝 02⁰⁴에서 here/there를 공부했죠.

자기 반경 안에 있는 공간이 here, 그 밖의 공간을 there라고 했어요.

여기 this와 that도 같습니다. 대신 얘네는 공간이 아닌 물건이나 사람에 사용되는 것뿐이에요.

손을 뻗어 자기 반경 안에 있는 것을 가리킬 때는 → this

그 반경 밖에 있는 느낌이 들 때는 → that

이 사람! 저 사람! → this person! that person!

간단하죠? 그럼 직접 만들어보세요!

THAT

상황) 돈다발을 가리키면서
#저것 좀 세줄 수 있어?
> count [카운트]=수를 세다 <

CAN 기둥 질문이네요. → Can
상대방에게 하는 말이니 → you
세는 건 할 수 있으니 do 쪽,
단어는 → count
엑스트라 있죠. 뭘 세라는 거예요?
저것 → that
→ Can you count that?

#이거 더할 수 있어?
> add [아드/에드] <

위와 똑같죠? → Can you
'더하다'는 영어로 → add
엑스트라 있죠. 뭘 더하래요? 이거
→ this
→ Can you add this?

#우리가 저 남자분 도와드릴 수 있어.
We / can / help / that guy.
man 이외에 자주 쓰이는 단어는 guy [가이]
→ We can help that guy.
여기까지 잘 따라오셨죠?

#이 행성을 떠나라!
> planet [플라넷] / leave=떠나다 <

아하! CAN 기둥 아니죠?
조심! 기둥 2개 배웠잖아요! 이렇게 예고없이
나올 겁니다! 명령이니 두비만 생각!

'떠나다'는 행동이죠. → leave
뒤에 엑스트라 있죠. 어딜 떠나래
요? 이 행성 → this planet
→ Leave this planet!

이제 직접 만들어보세요.

#다시는 그거 하지 마!

.... Don't do that again!

#이 상황 좀 설명해줄 수 있겠나?
situation [씨츄'에이션]=상황 / explain [익'스플레인]=설명하다

....Can you explain this situation?

#저거 분석해봐.
analyse [아날라이즈]

.... Analyse that.

#이게 가능할 수 있는 거야?
possible [퍼씨블]

....Can this be possible?

#우리는 그 거래조건을 제안할 수 없습니다.
deal [딜]=거래조건 / offer [오*퍼]=제안하다

....We can't offer that deal.

#우리가 저 건축가를 고용할 수 없는 거야?
architect [*알~키텍트]=건축가 / hire [하이어]=고용하다

....Can't we hire that architect?

#이 여행사에 전화해.
agency [에이전씨]=여행사

.... Call this agency.

172

215

목적격/부사/동사

서로 다른 기본 스텝
3가지를 동시에
나가보죠.

OBJ-IT

+ JUST

+ TRY

우리 방식으로 해보세요!

'해보세요!'는 명령 기둥이죠?

그럼 두비만 신경 쓰면 되는데,

'해봐라!' '해보다'는 어떤 단어가 좋을까요?

Do? do는 '하다'잖아요. do를 쓰면 "우리 방식으로 해!"가 되겠죠?

하라가 아니라 **해봐라~**, '할게요!'와 '해볼게요!'는 다르잖아요. 시도해보라는 거죠.

그렇다고 해서 또 "해봐라~"라고 끝나는 말에 다 try가 들어간다고 생각하지 마세요!

우리말은 변형이 많다고 했습니다! try는 어떤 행동이든 그것을 해보라고 할 때 사용할

수 있는 겁니다. → try [트라이]

Try를 보니 속옷 브랜드가 떠오르는 분들 있으시죠? 속옷 회사 이름이 왜 'Try'일까요?

여기서는 속옷이니까 '입어보라'는 뜻이 됩니다. 다시 예문으로 돌아가죠.

#우리 방식으로 해봐!

'방식'은 영어로 → method [메*쏘드]

"Do our method"가 아닌 → Try our method!

try는 '노력하다'라는 뜻 이외에 '하려고 하잖아! 해보고 있잖아!'의 느낌에도 사용됩니다.

#우리 방식으로 해봐! → Try our method!

상대방이 망설이네요. 그래서 한 번 더 말합니다.

해보라니까!
영어로는 **Try it!**입니다. **it!** 처음 나왔죠?

자! 이 **it**을 '그것'이라 번역하죠? 틀린 것은 아니지만 그러면 저번 스텝에서 배운 that과 무엇이 다른 걸까요?
that이 있는데, 굳이 it이란 단어를 영어에서 더 자주 사용하는 이유는 무엇일까요?
this와 that은 상대에게 내가 말하는 것이 뭔지 가리키기 위해서 사용하지만 **it은 가리키지 않습니다.** 이미 어떤 책이라고 말을 했기 때문에 더 이상 가리키지 않아도 되는 거예요. 계속 가리키면서 that, that 말하면, 상대방은 '알았으니 그만 가리키지 그래?' 하며 거슬릴 수도 있으니 그럴 때 it을 사용하는 겁니다.

예문을 만들면서 더 설명드릴게요.
#그 전화기 팔아라!

→ Sell that phone!

그런데 상대방이 말을 잘 안 듣네요. 다시 말합니다.
#팔라고!   → Sell it!
굳이 that phone이라고 말하지 않고 그냥 it으로 말하는 거죠.

'Sell'이라고만 하면 되지 it까지 붙여야 하느냐고요? 방금 전에 한 말인 that phone을 팔라는 거여서 it까지 말해주는 겁니다. 대신 영어에서 it을 쓰는 이유는 들을 때 거슬리지 않게 하려는 거예요. 그러니 우리말에는 아예 '그거'라는 단어가 나오지도 않는 거죠.

더 만들어볼게요.

#이 파일 저장하지 마!
> save [세이*브] <

→ Do not save this file!

#저장하지 말라고!

→ Do not save it!

this file을 굳이 반복 안 하고 it으로 말하는 거죠.

#숙제해!

→ Do your homework!

그래도 말을 안 들어요.
#해!

→ Do it!

지금까지 나온 우리말 문장들을 보면 '그거'라는 단어가 없었는데, 영어는 계속 it이 나왔죠? 우리말에서 저렇게 말할 때, 영어에서는 뒤에 it을 붙이는 겁니다.

상황) 옷가게에 갔는데 작은 사이즈를 권해요.
#저 이 사이즈 못 입어요.

→ I can't wear this size.

직원이 말합니다. #입어보세요!
"입어요!"가 아니라 입어보랍니다.
Try it!
기억나죠? 단어 try!

계속 "Try it!"이라고 말했는데 말을 안 들으면
#하라고! 지금 해!!
이제는 해보라는 게 아니라 강요죠.
Do it! Do it now!
자주 쓰이는 말입니다.

상황) 하고 싶은 것이 있는데 해낼 수 있을지 고민이에요. 고민하는 모습을 보고 누군가 말합니다.

#불평하지 말고!

> complain [컴플'레인] <

→ Do not complain!

#하세요!

→ Do it!

그냥 하세요.
그냥?
나이키의 유명한 광고

JUST DO IT.

그냥 해라!

→ **Just do it** [저스트 두 잇]

실제 영어에서 굉장히 자주 쓰이는 말입니다.

just는 날치로 이번 스텝에서 같이 연결해 들어갈게요. 이렇게 연결하면 just를 제대로 활용할 수 있거든요.

Do it!은 감을 잡으셨을 테고
Just do it!은 망설일 때, "딴거 없으니 그냥 해!"라는 뜻이죠.
just는 스포트라이트 같아요. 어디 앞을 비추냐에 따라서, 말할 때 그 부분을 강조하게 됩니다. 비교해보죠.

#저의 질문에 답하세요.
→ Answer my question.

이건 쉽죠?
이제 answer 앞에
스포트라이트를 비추면

→ **Just answer** my question!

이건 다른 행동 하지 말고, answer를 하라는
겁니다.

(못 들은 척하지 말고, 무시하지 말고)
대답하라고!
→ Just answer!

내 질문에 그냥 대답하라고!
똑같은 문장인데 이번엔 my question에
스포트라이트를 비추면
→ Answer **just my question!**
이건 다른 사람 질문에 대답하지 말고,
내 질문에만 대답하라는 겁니다.
내 질문에만! → Just my question!
다른 사람 말고 내 질문에만 대답하라고!

 Answer my question.

Just answer!

Answer my question.

Just my question.

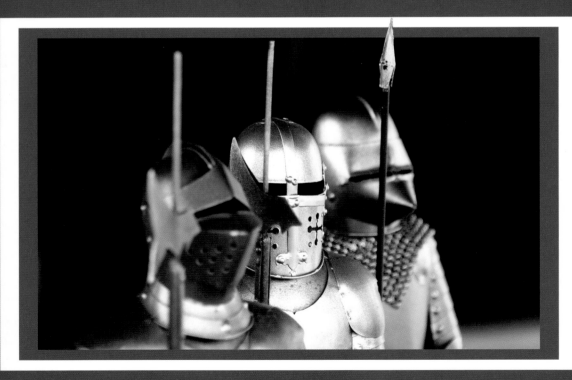

이렇게 어느 곳을 강조하느냐는 말하는 여러분의 선택이기 때문에, 그만큼 just는 뜻이 다양해질 수 있어요. 하지만 느낌은 이것 하나니까 사용하다 보면 금방 익숙해질 수 있습니다. 직접 스포트라이트를 비추면서 천천히 생각하며 만들어보세요.

상황) 친구에게 지갑에서 3만 원을 가져가라고 말합니다.

#3만 원 가져가! → Take 30,000won.

그런데 안 가지고 갑니다.

#그냥 가져가! → Just take it!

take 앞에 스포트라이트 때렸죠?

#그냥 가져가라고! → Just take it!

그런데 이 친구가 3만 원이 아닌 5만 원을 꺼내요.

#야! 딱 3만 원만 가져가! → Hey! Take just 30,000won!

이번에는 just 불빛을 3만 원 앞에 비췄죠?

우리말도 '그냥'이 아니라 '딱'이라고 표현했어요.
우리말에 변형이 많아서이기도 하지만, just는 빛이에요.
강조하고 싶은 곳 앞에 비추기! 그게 다입니다.

마지막으로 하나만 더 해보죠.

#너 내 우산 빌려도 돼.
> umbrella [엄'브*렐러] / borrow [버*로우] <

  → You can borrow my umbrella.

#그냥 잃어버리지만 마!
> lose [루즈] <

  → Just don't lose it!

이렇게 실생활에서 누군가에게 조언이나 핀잔을 주듯 말을 더 만들어보세요.

216

의문사 의문문

WH 주어

WH-Question 하셨죠?

나중에 고급 문법에 재활용이 많이 되니 제대로
익혀나가는 것이 중요합니다. 아직 헷갈려도
문장 볼 때 기억이 난다면 괜찮습니다.

복습해볼까요?

기둥으로 질문을 만들고 싶으면?

→ 1번 2번 뒤집기!

자세한 답을 원하는 WH 질문은?

→ 그 질문 앞에 WH만 붙어버리면 완성!

#어떻게?라면 'How?'를 붙이고 나머지 질문은 그대로 살렸습니다.

이제 다음 문장을 영어로 바꿔보세요.

상황) 존경하는 인물을 보고 생각합니다.

#저분(남)이 내 멘토가 되어주실 수 있겠네!

→ He can be my mentor.

상황) 고민하는 사이 그분이 사라지셨어요. 그분(he)이 사라지셨으니 스스로에게 질문합니다.

#누가 내 멘토가 될 수 있을까?

보세요! 지금 저 'He' 카멜레온 부분을 몰라
서 묻는 거잖아요. 그곳이 비어 있잖아요.
그럼 질문으로 뒤집으려 해도 뒤집을 것 자
체가 없는 거죠.
그래서 그 빈자리에 그냥 WH를 넣어
버립니다.

이것을 모름

can be my mentor?

#누가는 'Who'죠.
1번 자리에 'Who'를 넣고, 나머진 그냥 그대로 내려오면 돼요.
→ **Who** can be my mentor?

간단하죠? 다시 한번,
누가 내 멘토가 될 수 있을까?

→ Who can be my mentor?

오늘 거기 누가 갈 수 있지?
누가 갈 수 있는지 카멜레온을 모르는 거죠?
순간 헷갈릴 때는 먼저 기본 문장을 만들어봐요.

난 오늘 거기 갈 수 있어.

→ I / can / go there today.

오늘 거기 누가 갈 수 있지?
카멜레온을 모르니 뒤집을 것이 없어서 카멜레온 자리에 Who를 넣고 나머지 그대로!

→ Who can go there today?

카멜레온이 비어 있을 때는 이렇게 질문하면 됩니다. 연습장 위쪽 카멜레온 열쇠 그림에 '주'라고
쓰여 있죠? 이번 스텝은 주어인 카멜레온을 찾는 질문이나 마찬가지인 셈입니다. 그래서 이것을
'WH 주어'라고 부릅니다. 이름 어렵지 않죠? 그럼 바로 만들어보세요.

#누가 빠를 수 있어?

quick [쿠윅]

.... Who can be quick?

#누가 헌혈을 못 해?

blood [블러드]=피 / donate [도네이트]=기증하다

.... Who can't donate blood?

#이거 밀 수 있는 사람?

push [푸쉬]

.... Who can push this?

#누가 요리할 수 있어?

cook

.... Who can cook?

#누가 댁 서류들을 증명할 수 있죠?

 document [다큐먼트] / certify [썰티*파이]=증명하다

.... Who can certify your documents?

#A: 오늘 거기 가실 수 있으세요?

.... Can you go there today?

#B: 저 못 가요. 그쪽이 못 가세요?

.... I can't go. Can't you go?

#A: 못 가요. 오늘 누가 갈 수 있지?

.... No, I can't. Who can go today?

자! 주어~는 결국 카멜레온을 말하는 거예요.

문법 용어에서 '주어'라는 말 많이 쓰죠?

문법 용어를 아는 것은 나쁘지 않아요. 하지만 위험한 상황을 본 적이 있습니다.

어린 나이의 학생이 있었어요. 영어로 웬만한 소통은 가능하고, 영어권 마나 영화를 볼 수 있고 독해는 이미 상당한 수준이었죠. 그런데 중학교 입학 후 혼란스러워하기 시작했습니다. 한국식 문법 용어를 한두 개 접할 는 괜찮았지만 중학생 레벨에 가니 문법 용어들이 쏟아졌죠.

문제는 이 학생이 이미 다 아는 영어 문장들이었는데도, 그 복잡한 한국 문법 용어에 치여서 아는 구조의 문장을 어렵게 보기 시작했습니다. 그 니 한순간에 영어를 멈추고, 한국말 문법 용어를 해석하는 데 집중했죠.

문법

참 아찔한 상황이에요. 성인들은 영어 회화 교육을 받지 못해 그렇게 공부했다고 해도, 어릴 적부터 이미 회화 교육을 받아서 영어가 트인 학생이 지금까지 쌓아온 실제 영어를 손에서 놓기 시작한 것이었습니다.

'학교 다니는 잠깐 동안인데…'라고 생각할 수 있지만, 영어는 그렇지 않습니다.

영어는 운동, 악기 연습과 비슷해서 놓는 시간이 길어지는 만큼 잊어버립니다. 고 1 때 영국에 잠깐 유학 온 한국 학생이 있었는데 영국에서 영어의 말문이 트였죠. 그 후 10년 뒤에 만났는데, 영어를 다 잊어버렸다고 하면서 아쉬워하더군요. 유학 1~2년 된 레벨만큼 영어가 트였어도 그 실력이 사라질 수 있는데 하물며 한국에서 영어가 트인 학생이 갑자기 영어를 두고 한국식 영어 문법으로 한국말 해석에 치우치게 되면 그 학생의 영어는 더 쉽게 사라질 수 있습니다. 이렇게 잘하던 어린 학생이 영어 말하기를 놓는 상황은 한국식 문법 교육이 미칠 수 있는 큰 위험이에요.

이런 교육의 진짜 문제는 영어에서 정말 어려운 것들은 따로 있거든요. 그러니 그리 어렵지도 않은 영어 문장을 가지고 너무 어려운 한국식 문법 용어들을 마스터할 여유가 없다는 겁니다. 모든 영어 문장은 문법 용어 없이도 이해와 설명이 가능합니다.

정 한국식 문법 용어들을 익히고 싶으면 영어 문장들을 완전히 내 것으로 마스터한 후에 해도 늦지 않습니다. 하지만 마스터하기 전에 문법 용어부터 접하면, 아직 분별력이 없기 때문에 지금까지 배운 것이 통째로 흔들릴 수 있습니다. 항상 염두에 두세요!

대신 '동사'같이 알면 도움이 될 용어들은 가끔 스텝에서 소개해드릴 겁니다. 카멜레온은 두비링의 주인이라고 해서 문법 용어로 '주어'라고 부르는 겁니다. 카멜레온 주어. 두비링은 동사.
그럼 CAN 기둥의 질문 스텝마다 되돌아가서 속도 올리는 연습을 해보세요.
5번 이상만 말해도 원어민 속도 나옵니다. 꼭 감정 실어서 말하세요!

217 부사 - then

연결끈 and 배웠었죠? '그리고'라 해서 같은 그룹으로 묶는 끈.
이번 것은 연결끈 같지만 날치처럼 위치도 바뀝니다. 쉬워요.

오늘 나 청소했어. **그러고 나서** 영화 봤어.
물 끓여. **그런 다음에** 국수 넣어.
'그런 후에', '그다음에'처럼 이런 식으로 순서가 있을 때는 **then** [덴]으로 연결해주면 됩니다.

문장으로 만들어보세요.

1번)
#네 일 끝내!   → Finish your work!
#너 집에 갈 수 있어.   → You can go home!

2번) 이제 연결해보세요.
#네 일 끝내!   → Finish your work!

#**그래야** 집에 갈 수 있어!   →**. then** you can go home!

순서 보이죠. 1번 먼저 하고 나서 2번 하라는 거죠.
여기서 then은 기둥 문장으로 연결할 때, 앞에 콤마를 붙이고 나옵니다.
→ **Finish your work. then you can go home.**

콤마는 무조건 지켜야 하는 룰은 없어요. 다음 문장을 평소처럼 말해보세요.
"네 일 끝내! 그래야 집에 갈 수 있어!"
'그래야'라는 말 전에 한 번 숨 돌리고 말하게 되죠? 다시 그 느낌을 살려 영어로 말해보세요.

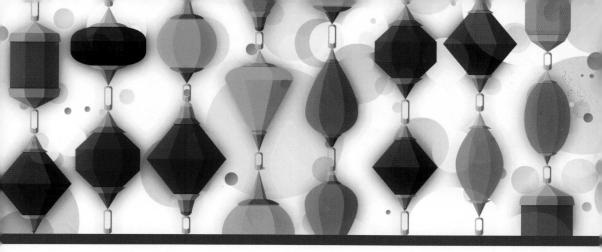

영어는 지금 저 두 문장을 then을 사용해서 하나로 연결한 거예요. 그래서 콤마를 찍는 겁니다.
콤마는 숨을 잠깐 쉬는 곳에 찍는다고 생각하세요.

악보에도 콤마가 있는데 숨을 잠깐 쉬는 부분입니다. 그래서 '콤마'를 음악에서는 숨표라고 해요.
영어로 'breath mark'라고 합니다.
이때 breath [브레*스]는 숨, mark는 '표기', '숨 표기'인 거죠, 숨표.

그럼 then을 넣어 직접 문장을 만들어보세요.

#A: 나 오늘 일 못 해.   → I can't work today.
그러자 상대가 말합니다.

#B: 그러면 내일 해.
기둥 잘 고르세요!   → Then work tomorrow.

명령 기둥이었죠? 내가 말한 대로 해라!
자! then을 보면 내가 한 말을 상대가 순서를 연결해서 말할 수 있죠? 대신 이제 내가 말하는 도중
숨 쉬는 부분이 없으니 앞에 콤마가 필요 없어지잖아요. 상식적으로 생각하면 됩니다.

#물 끓여.
'끓이다'는 boil [보일]   → Boil the water.
#그런 다음에 양파를 잘라.
'양파'는 the [디] onion   → Then cut the onion.

항상 문장을 만들고 나서 다시 느낌을 살려 말해보세요.
#물 끓여, 그런 다음에 양파를 잘라!
                                              → Boil the water, then cut the onion!

순서 느낌을 살리면서 연습해보세요.

#A, 그다음 B

.... A, then B

#이거 하고 나서 저거 해!

.... Do this, then do that!

#A: 나 이거 할 수 있어.

.... I can do this.

#B: 그러면 해!

.... Then do it!

#A: 이 게임 해도 돼요?
play

.... Can I play this game?

#B: 그거 지금 하지 마! 네 숙제 하고, 그러고
나서 게임해.

Don't do that now! Do your homework,

.... then play your game.

#버스 13번 잡은 다음에 기사 아저씨한테
물어봐.
bus 13 / catch [캣취]=잡다 / driver / ask [아스크]

.... Catch the bus 13, then ask the driver.

#우리 멤버가 되고 나면 가입할 수 있어.
member / join [조인]=가입하다

.... Be our member, then you can join.

#양파들을 요리한 후, 버섯을 추가하세요.
onion [어니언] / cook / mushroom [머쉬*룸] / add

.... Cook the onions, then add the mushrooms.

마지막으로 다른 연결끈과 섞이는 것을 구경만 해볼게요.

and then
뜻은 then과 크게 다른 건 없고, 같이 묶을 때 그 안에 순서가 있다는 느낌까지 알려주고 싶으면
and then으로 말하면 돼요.

#달걀, 병아리, 그러고 나서 닭!

→ Egg, chick, and then chicken!

순서는 달걀이 먼저, 병아리, 그러고 나서 닭.

그냥 and만 썼다면, 3개가 같이 나란히만 있는 건데,
and then을 쓰면서, 순서가 생기는 느낌까지 전달하는 거죠.
#달걀, 병아리, 그리고 닭.

→ Egg, chick, and chicken!

비슷하죠? 선택은 여러분 마음에 따릅니다.

마지막!
#생각해, 그러고 나서 말해!

→ Think, and then talk!

둘 다 명령이니, 단어를 말하고, 그 사이에 and then으로 연결하면 끝!
그럼 순서가 있는 것을 생각하며 만들어보세요!

2 18

Tag Q

축하합니다! 기둥 마지막 스텝!

할 수 있죠, 그렇죠?

그렇죠? 그렇지 않아요? 그렇지?
동의 받고 싶을 때 하는 말. 이미 알면서 맞장구를 위해 한 번 더 묻는 질문. 말해놓고 꼬리표처럼 "그렇지? 맞죠?" 하며 붙는 질문을 꼬리표 질문이라 합니다.

꼬리표는 영어로 tag.
옷 사고 '가격표 떼라' 혹은 '태그 떼라' 할 때 그 태그.
아래 문장을 영어로 말해보세요.

#넌 거짓말 못 해.
할 수 없으니 CAN 기둥 쓰면 해결되죠?
'거짓말하다'는 영어로 lie [라이]

→ You can't lie.

기둥만 정확히 알면 쉽게 만들어지죠?

너 거짓말 못 하는구나. 그렇지?
확인차 꼬리에 붙여 질문합니다.

내가 한 말을 재확인하는 것이니, 같은 기둥으로 다시 질문하지만 확답을 위한 질문이니까 내가 말한 것의 반대로 질문합니다. 예를 들어, can't, 이렇게 부정으로 말했으면 질문은 반대로 can 긍정으로 하는 거죠.
You can't lie. can you?

You can't lie, can you?
질문이니까
다시 뒤집어지죠

"내가 방금 한 말이 틀렸니?" 하는 느낌으로 반대로 사용한 것 같아요.
글로 쓸 때는 문장 끝나고 꼬리표 질문 앞에 숨 쉬는 것처럼 콤마를 찍어줍니다. 다시 한번!

#너 거짓말 못 하는구나, 그렇지?
→ You can't lie, can you?

꼬리표 질문이니 당연히 기둥 구조 1번 2번 뒤집었어요.
기둥 구조가 다양하게 재활용되죠? 이래서 기둥 구조를 정확히 아는 것이 중요해요!
갈수록 더 재활용될 거고, 스텝대로 따라가면 자연스레 탄탄해질 겁니다.

당연히 이 꼬리표도 모든 기둥에 다 똑같이 적용됩니다. 지금 이 스텝이 기둥의 마지막 단계라고 했죠? 이제 반복만 하면 된다는 얘기죠!
계속 만들어보세요.

#너 그거 못 하는구나, 그렇지?
You can't do that, 하고 질문, '내 말이 맞잖아?' 식이니 말한 반대로 can you?

→ You can't do that, can you?

#오늘 일하실 수 있군요, 그렇죠?
You can work tonight. 문장에 꼬리표 질문 넣기!

→ You can work tonight, can't you?

우리말은 보통 꼬리표 질문 자체가 말 안에 들어가 있어요.
예를 들어, 오늘 일하실 수 있죠? 이렇게 질문하면, 굳이 "그렇죠?"가 따로 필요 없는 거죠.
영어로 같은 말을 할 때는 꼬리표 질문을 붙이면 되는 겁니다.

#네 여자 친구 여기 못 오지, 그렇지?
→ Your girlfriend can't come here,
여기까지 쉽죠? 대신~ **"그렇지?"** 할 때는 ', can' 하고 뭐가 나와야 할까요? she 나옵니다.
영어는 뻔한 것을 반복하기 싫어한다고 했죠? 이때 our, she, it, 이런 것을 많이 사용한다고 했습니다.
방금 your girlfriend라 말하고 또 your girlfriend란 말을 쓸 필요 없이 → can she?

→ Your girlfriend can't come here, can she?

만약 성별을 모를 때는? 성별을 아는 상대가 고쳐주거나, can she / he? 이렇게 2개를 다 말하기도 한답니다.

이 꼬리표는 알아도 실제 사용하기까지는 시간이 걸려요. 그럼 더 간단한 방법!

#너 못 가는 거, 맞지?
이렇게 '맞지?'라고 하는 표현도 영어에 존재합니다. "right?"로 되물으면 돼요. 혹은 "yes?"라고 해도 되고요.

→ You can't go, right?

→ You can't go, yes?

훨씬 더 간단하죠? 끝!

#걔(남) 여기 있을 수 있지, 맞지?
Tip: be 쪽으로 만들어보세요.

....He can be here, right?

#너 준비되어 있을 수 있지, 그렇지?
ready

....You can be ready, can't you?

#네 할아버지 무서울 때 있으시지, 그렇지?
grandfather / scary [스케어*리]

Your grandfather can be scary,
....can't he?

#제 친구(여) 오늘 여기서 못 자죠, 그렇죠?

My friend cannot sleep here today,
....can she?

#우리 지하에 이거 못 갖고 있지, 그렇지?
basement [베이스먼트] / have

We can't have this in the basement,
....can we?

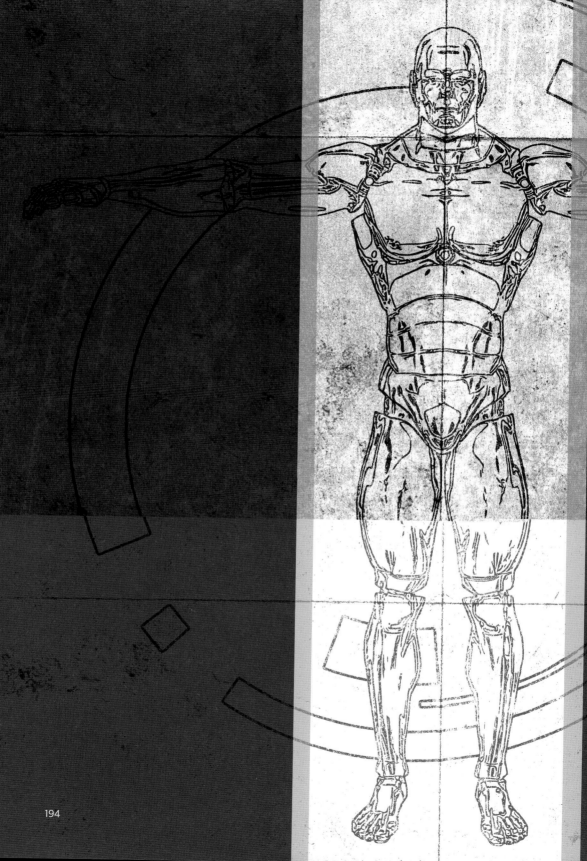

194

CAN 기둥 설명 끝!

수고하셨습니다.
CAN 기둥을 하면서 두비 골라내기가
수월해졌을 겁니다.

갈수록 기둥들이 합쳐지면서, 기둥들
사이를 점프할 수 있어야 하기 때문에
shifting을 통해 예문들이 계속 제공될 거예요.
갈수록 속도는 빨라질 겁니다!

그럼 다음은 터미네이터가
나오는 3번 기둥!

이제 영어로 폼 나는 행성
레벨도 나올 겁니다!
폼 좀 날 거예요!

WILL 기둥

03

01

조동사

3번 기둥은

WILL 기둥

미래를 말할 때 사용하는 기둥입니다.
기둥 스텝들을 탄탄히 익혀야 하니 계속
쉬운 기둥으로 이어갑니다.

당장이 아니라 "지금 이후에 하겠다! 할 거다!"
라고 미래의 일들을 말하고 싶을 때 이 WILL 기둥을
사용합니다.

기둥에 로봇 그려져 있죠? 미래 기둥이라고
상기시켜주는 이미지입니다. 항상 기둥마다 그
기둥의 기능을 보여주는 이미지가 있으니 헷갈릴
때는 참고하세요.

방법은 CAN 기둥과 같습니다.
먼저, **#난** 부자가 될 수 있어를 영어로 바꾸면?

→ I / can / be / rich.

자! 기둥 자리에 CAN 기둥을 빼고, WILL 기둥을 넣으면 바로 WILL 기둥 구조 완성입니다. 끝!

→ **I will be rich.**

나 / 미래에 / 부유해질 거야.

지금 부자가 아니라, 미래에 부자가 될 거라는 말이죠.

"난 부자가 될 거야. 부유해질 거야."

"부유해질 수 있어!"에서 기둥만 바꾸니 한방에 "부유해질 거야!"라고 바뀌죠?

미래라고 하면, 단어가 추상적이어서 지금부터 먼 시간이 흐른 뒤로 생각할 수 있는데
"10년 뒤에 집 살 거야"도 미래지만 **"1분 뒤에 전화할게"**도 미래예요.
지금 안 하고 1분 뒤든 10년 뒤든 나중에 하는 거니까요.
구조는 CAN 기둥과 똑같으니 같이 만들어보죠.

#쟤(여자) 괜찮을 거야.

누가 괜찮을 거래요? 쟤가 괜찮을 거라고 하는데 여자니까 → she

지금 괜찮다는 거예요? 아니죠. '괜찮을 거'라니까 지금 이후, 미래 → will

두비 자리네요. '괜찮다'는 건 상태죠? 일부러 움직여서 할 수 없는 거니까 → be fine

→ She will / be fine.

#내가 이 번호 외울게.

> memorize [메모*라이즈]=외우다 <

내가 번호를 외운다는 거니까 → I

'할 수 있겠다'가 아니라 '하겠다'고 하는 거니 WILL 기둥 → will

'외우다'는 → memorize

extra 나머지 엑스트라 → this number

→ I will memorize this number.

> ## '할 수 있어'와 '할 거야'의 차이점이 안 보이는 분!
> 지금 빌딩에서 점프할 수 있다고 해서
> 미래에 점프할 거라는 뜻은 아니잖아요.
> 도둑질을 할 수 있다고 해서, 미래에 하겠다는 뜻은 아닌 것처럼요.
> 할 수 있다고 해서 꼭 미래에 하겠다는 뜻이 되는 것은 아니죠.
> '할 수 있어'는 CAN
> '할 거야'는 WILL
> "I can be rich"와 "I will be rich"는 차이가 크다는 것!
> 우리말이 헷갈릴 때는 상황을 상상해보세요.

연습   do be extra

#쟤(여) 내일 떠나.
leave [리*브]

....She will leave tomorrow.

#내 팀이 이 경기 이길 거야.
team / game / win

....My team will win this game.

#너 올 수 있어? 나 내일 혼자 있을 건데.
come / alone [얼론]

....Can you come? I will be alone tomorrow.

#걱정 마! 내가 아빠한테 전화할게.
worry / dad / call

....Don't worry! I will call Dad.

200

#내가 지금 할게!

→ I will do it now!

'지금'이란 말이 들어갔다고 해서 꼭 미래 기둥을 못 쓰는 것은 아닙니다.
당장 하고 있지 않다면, 다~ 미래입니다.

상황) 엄마가 물어봅니다. "밥 언제 먹을래?"

#지금 먹을게.

지금 당장 먹고 있는 게 아니죠. 지금 이후잖아요. 5초 뒤든 10분 뒤든 미래인 겁니다. 상황을 상상
하면 답이 나옵니다.

영어 기둥은 자주 사용하니까 묶을 수 있다고 했죠.
'I will'을 묶으면 → I'll [아일]
왜 CAN 기둥은 NOT만 묶었는데 WILL은 카멜레온과 기둥을 같이 묶느냐고요?
단순히 발음 때문입니다. 줄여도 발음이 어색하지 않으니 줄인 거예요.

이제 미래 기둥을 배웠으니 여러분은 공식적으로
시간 안에 들어온 겁니다.

라인을 상상하며 중앙을 지금이라 보면 그 이후는 다 미래!
WILL 기둥을 사용하면 됩니다!

이제 지금까지 배운 것들이 더 높은 강도로 섞일 겁니다. 명령 기둥과 CAN 기둥에서 배운
다른 작은 스텝들도 WILL 기둥과 섞여 나올 거예요. 퍼즐처럼 재미있을 겁니다.

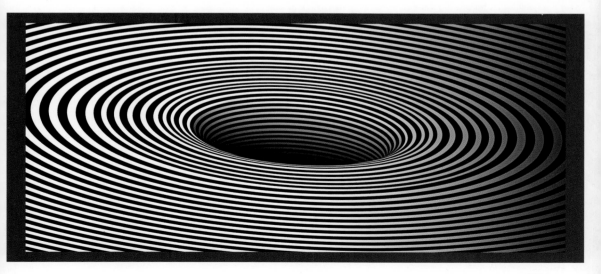

302

목적격

me you him her

사랑에 아파하는 연인이 있어요.

쟤(여)는 나를 떠날 거야.

누가 떠나요?   → She

떠났어요? 아직이죠. 나중에 떠날 거라는 뜻이니

미래 기둥   → will

<img_do> <img_be>   떠나다   → leave

extra   자! 누구를 떠날 거래요? 나죠.

여기서 나는 기둥 앞이 아니라 기둥 뒤에 나오네요! 그러면
모습이 달라집니다.

I가 기둥 뒤에서는 모습이 바뀌어요.   → me[미]

→ She will leave me.

다시 한번! 기둥 뒤에 나올 때는 'I'와 다르게 모습이 'me'로
바뀝니다. 그럼 다음 문장을 직접 만들어보세요.

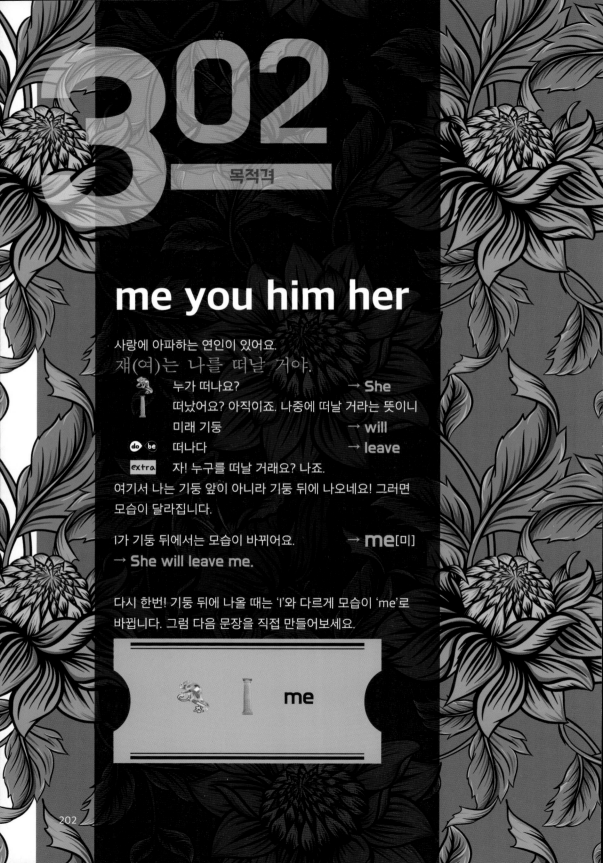

I   me

#쟤(남)는 나 도와줄 거야.

누가요? → **He**
"지금 도와주고 있어"가 아니라
그럴 거라니까 → **will**
뭐를 할 거래요? 도와줄 거라죠.
'도와주다'는 → **help**
extra 무엇을요? 날 도와준다는 거니까
→ **me!**

→ He will help me.
이제 여기까지는 말이 나오죠?

쉬우니까 벽돌 바꿔치기도 한번 해보죠.
다음 문장 보세요.

난 널 도와줄 수 없어.

누가? 나죠. → **I**
도와줄 수가 없다니까 → **can't**
'도와주다'는 → **help**
extra 무엇을요? 너를! 널 못 도와줘. 너!

→ **you!**

잠깐!
you는 기둥 앞에서도 you였는데, 지금은 기
둥 뒤인데 안 바뀌었죠?

네~ 맞아요. 가끔은 영어가 이렇게 쓸데없이
사람을 피곤하게 해요.
귀찮지만 기억만 조금 해주면 되니 더 연습해
버리자고요. 좀 규칙적이면 좋겠지만 you는
기둥 앞이든 뒤든 둘 다 변화 없이 you니까 더
외울 것 없어서 좋네~ 하고 생각하세요.
이제 직접 만들어보세요.

상황) 친구한테 물어봅니다.
#내가 내일 너 만날 수 있을
까?

Can I ...
do be ... meet
extra ... you
extra ... tomorrow?
→ Can I meet you tomorrow?

#내가 네 얼굴 그려야지! 내
가 그릴게.

> face / draw <
→ I will draw your face! I will draw it!
얼굴은 성이 없어서 it입니다. 영어 정확하죠?

#널 그릴래.
→ I will draw **you.**

203

너무 쉽죠? 연습장으로 넘어가기 전에 벽돌 바꿔치기 좀 더 해볼게요!

저 오늘 그분(여)의 아드님을 뵙고 고용할 겁니다.

누가 만날 거죠? → I

만났나요? 만날 거라죠. → will

do be '만나다'는 → meet

extra 누구를요? 그분 아들. 그분은 여자니까 → her son

extra 엑스트라가 또 있네요. '오늘' 만난대요. → today

→ I will meet her son today,

아직 안 끝났죠, 이어서 말합니다. … and …

누가 고용할 거래요? 저죠. → I

아직 고용 안 했죠? → will

do be '고용하다'는 → hire [하이어]

extra 누굴 고용한다고요? 그분 아들 얘기하는 거죠. 아들이니까 남자고. 영어로는

→ him [힘]

→ I will hire him.

이제 문장을 연결해서 완성해보면 끝!

→ I will meet her son today, and I will hire him.

이렇게 같은 위치에 단어만 바꿔치기하면 끝이에요!

#나한테 말해!   → Tell me!

#쟤한테 말해! 쟤가 남자면   → Tell him!

상황) 셀카를 확인하면서….
#이게 나일 수는 없어!
this

.... This cannot be me.

#저 사람(남) 좀 막아요!
stop

.... Stop him!

상황) 영화에서 캐릭터가 말합니다.
#절 먹지 마세요! 쟤(남) 드세요.
eat

.... Don't eat me! Eat him.

#슈퍼맨이 쟤(남)를 막을 수 없을 거야. 내가 할게.
Superman [수퍼맨] / stop

Superman can't stop him.
.... I will do it.

상황) 영화의 한 장면.
#난 널 찾아낼 거고, 그리고 난 널 죽일 거야.
find [*파인드] / kill

.... I will find you, and I will kill you.

#쟤(남)가 날 창피하게 할 거예요!
embarrass [임'바*러스]

.... He will embarrass me.

#지금 못 가? 그럼 내가 갈게.

.... Can't you go? Then I will.

205

벽돌 바꿔치기는 간단하니까 레벨 하나 올려보죠! 만들어보세요.

#쟤네(남) 엄마랑 쟤네 할머니랑 쟤를 초대해!
> grandmother = gran <
→ Invite his mom, his gran, and him.
그런데 알고 보니 쟤가 여자래요. 말한 것을 다시 정정하는 거죠?

Okay, invite her mom, her gran, and 다음에,
이번엔 여자죠? 그러니까 him이 아니라 **her** [허]
기둥 뒤에 갈 때는 her로 씁니다.
→ Okay. invite her mom. her gran. and her.

#우리 엄마랑 할머니랑 나를 초대해!
→ Invite my mom, my gran, and me.
#쟤네(여) 엄마랑 쟤네 할머니랑 쟤를 초대해!
→ Invite her mom, her gran, and her.

지금 뭐가 이상하죠? 아까 'her mom'일 때도 'her'였는데,
왜 그 'her'와 똑같이 쓸까요? 딱 이것만 그래요.

my mom	me
her mom	her

그래서 영어에서는 이런 것도 가능하죠.
친구들과 있는 자리에서 여자 친구에게 드디어 용기 내어 뽀뽀하려고
결심하며 말해요.
#나 쟤한테 뽀뽀할 거야.
→ I will kiss her.
그런데 이때 여자 친구가 쳐다봅니다. 당황하다가
다른 말로 계속 이어갈 수 있어요. → her ... dog
손쉽게 "여자 친구의 강아지한테 뽀뽀할래"라고 단어 하나만
더 넣어서 내용을 바꿀 수 있는 거죠.
→ I will kiss her dog.

영어는 기둥이 앞에 나오기 때문에 이렇게 뒤의 엑스트라에 붙일 수 있는 것이 굉장히 많아요. 다른 사람이 한 말 뒤에다 다른 말을 붙여서 말을 이어나갈 수 있기 때문에, 농담도 다양하게 만들어낼 수 있답니다. 그럼 her 역시 새로 외울 것 없으니 좋다 치고, 예문 하나 더 만들고 연습장으로 가죠.

#우리 다음 팀장은 그분(여자)이 될 거야.

> director [디*렉터] <

  뭐가 그분이 될 거래요? → Our next director

아직 안 되었죠? → will

'되다'는 → be

extra 그분이 될 거라니까 → her

→ **Our next director will be her.**

#재(여) 겁주지 마.
scare [스케어]=겁주다

....Don't scare her!

#내가 재(여) 상기시킬게.
remind [*리'마인드]=상기시키다

....I will remind her.

#누가 재(여)를 도와줄 수 있지?
help

....Who can help her?

#우리가 그녀를 설득할게.
convince [컨'*빈스]

....We will convince her.

#우리가 그녀의 아버지를 설득할 거야.
father / convince

....We will convince her father.

207

3⁰³

동사

be vs. come

#Come here!

무슨 뜻이죠?

→ "이리로 와!"

하지만 영어는 같은 말을 다른 식으로도 표현할 수 있습니다.

#Be here!

보세요. 이건 네 상태, 네 존재가 여기에 있으라는 겁니다.
날아오든지, 기어오든지 행동은 관심 없고, 네 상태가 여기 있으
라는 거죠. → Be here!
전달이 정확하죠?

이것이 두비에서 be의 힘입니다. do be
come은 '오다'로 행동하는 do 쪽이고 사용법이 뻔해요. 그래서
자꾸 이 do 쪽만 사용하려 하지만 실제 영어에서는 be도 정말
많이 쓰거든요. 그러니 be 느낌에 자꾸 익숙해지면 좋습니다.

그럼 연습장에서 be를 사용해보세요.

#너 내일 여기 있어라!

....Be here tomorrow!

#소포는 곧 여기 도착할 거예요.
package [팩키쥐]=소포 / be (arrive [어*롸이브])

The package will be here soon.
....The package will arrive here soon.

#그분(여) 내일 여기 오실 거야.
be (come)

She will be here tomorrow.
....She will come here tomorrow.

#언제 여기로 올 수 있어?

When can you come here?
.... When can you be here?

이번 건 빤히 보이지만, 접해볼게요.
상상해서 만들어보세요.

#입 다물고 여기 앉아!
→ Shut up and sit down!

하지만 딱 집어서, 너! 라고 꼬집어 말할 때는~
#넌 입 다물고 여기 앉아!
→ You shut up and sit down!

명령 기둥에 왜 카멜레온 you가 들어가나 싶죠? 명령 기둥은 카멜레온이 필요 없지만 여기서는
나 말고 너!! 라고 강조하고 싶어서 일부러 꺼내 말하는 거예요.
명령 기둥은 어차피 계속 상대에게 말하는 것이어서 카멜레온 자리에 줄곧 you가 들어가니까 보통
생략한 겁니다. 생략한 것이지 아예 없는 건 아니었던 거예요. 결국은 모든 기둥 구조가 명령 기둥
까지 다 똑같이 생겼죠? 이번 스텝은 먼저 이렇게 전해두기만 하세요.

3⁰⁴

껌딱지를 꽤 배웠으니 뜻끼리 맞춰볼게요!

#위쪽 느낌이 있는 껌은? → Up!

#아래쪽 느낌은? → Down!

#안쪽 느낌은? → In!

#바깥쪽 느낌은? → Out!

이번에는 껌딱지 3개가 같이 나옵니다.

비교하면서 보면 이해가 더 빠르거든요.

바로 **in! at! on!**

in은 이미 했던 대로 '안쪽' 느낌 맞습니다.

210

'시간' 속으로 들어갑시다.
2050년에는 어떤 일이 일어날까요?
달력을 보며 하루하루를 사는 우리에게 한 해
는 크게 와닿습니다.
그래서 2050년 안에 있는 일을 말하고 싶으면
그 안이라는 느낌의 껌딱지를 붙입니다.
바로 in인 거죠.
→ in 2050 = in two thousand and fifty
숫자가 길어서 연도를 말할 때는 보통 수를
2개씩 나눠서 말합니다.
→ in twenty fifty
간단해지죠? 다음 문장을 영어로 만들어보세요.

#우리는 2050년도에 은퇴할 거야.

 우리는 → We
지금 안 가고 미래에 간다는 거죠.
→ will
뭐를 할 거라고요? 은퇴한다죠.
'은퇴하다'는 → retire [*리'타이어]
2050년도에 한다는 건 그해 안에
하는 거니까 껌딱지 붙여서!
→ in 2050
→ We will retire in 2050.
만약 껌인 in을 안 붙이면 2050년을 움직일
거라는 말이 되어버립니다. 그래서 껌딱지가
필요한 거예요.

이번엔 좀 더 '줌' 해서 들어가죠.
'줌=zoom'은 자세히 볼 수 있게 렌즈를 잡아
당기는 행동을 말합니다.
더 안으로 들어갈 수 있게 → 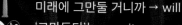 **Zoom in!**

월! 한 달! 하루하루를 사는 우리에게는 한 달,
월도 큰 편에 속하죠. "하루를 잘 살자!"라고
하지 '한 달을'은 덜 쓰죠? 여전히 달에도 '안'
이 있습니다. 그래서 in을 사용합니다.

#6월에 일 그만둬야지.

> June [준] / quit [쿠윗] <
 누가요? 내가 → I
미래에 그만둘 거니까 → will
'그만두다'는 → quit
엑스트라 있죠? 6월에! 그 안에
있으니까 앞에 in 붙여주고
6월은 June → in June
→ I will quit in June.
마찬가지로 껌딱지를 안 붙이면, '6월을 그만
둔다'라는 말이 되어버려요.

 up

 ↓ down

 아웃!

각 월을 뜻하는 영어는 대문자로
시작합니다. 유럽의 국가들은 서로 교
류를 많이 하는데 문제는 대다수 국가가
알파벳 언어를 씁니다.
그러다 보니 문서에서 프랑스인 이름이 나온 순간,
대문자로 구분되어 있지 않으면 이것이 내가 모르는 단어인
지, 이름인 건지 헷갈릴 수 있겠죠.
대문자로 구분해서 표기하면, 읽는 사람은 이것이 뭔가 특정 사람이
나 특정 명칭이라고 알 수 있게 됩니다. 우리 밸런타인데이도 대문자
로 시작한다고 했잖아요? 밸런타인이 바로 사랑을 믿었던 이탈리아
사람이었기 때문에 그 사람의 이름을 따서 만든 날도 그 사람의 이름
을 뜻하는 대문자로 쓰는 겁니다.

마찬가지로 각 월도 인물 이름을 따른 것이라 대문자로 씁니다.
7월 July [줄라이]는 로마의 줄리어스(율리우스) 카이사르. 8월인
August [어거스트]는 로마제국의 아우구스투스 황제 등, 나머지
월들도 다 이렇게 이름을 본떠 만들어져서 모두 대문자로 씁니다.

그럼 해와 월 모두 in! 아셨죠? 이제 더 zoom in 해서 주 단위로 가
보죠.

#이번 주   → this week
#다음 주   → next week
#이번 달   → this month
#내년   → next year
우리는 여전히 한 주 안에 있습니다. 여전히 in이에요.

그러면 더 들어가서 이제 요일!
자! 요일 이름도 신의 이름을 딴 것이 많아 대문자로 시작한답니다.
오른쪽 페이지 달력 그림을 보면 화요일 박스에 서 있죠. 월이나 해만
큼 넓지 않아 그 안에 있다는 느낌보다는 발이 요일 위에 닿아 있어
요. 이렇게 표면에 닿는 느낌이 있을 때 사용하는 껍딱지가 바로
on [온]입니다!

만들어보세요.

#화요일에 너한테 전화할게.

 I

will

be call

extra 누구한테 전화한대요? 너니까 → you

extra 화요일에 하는 거죠. 그날

그 요일에 서서 표면에 닿으니

→ on Tuesday [튜즈데이]

→ **I will call you on Tuesday.**

January 2050

	Mon	Tue	Wed	Thu	Fri
52	27	28	29	30	31
1	3	4	5	6	7
2	10	11	12		14
3	17	18	19		21
4	24	25	26		3
5	31	1. Feb	2		

on을 빼버리면, '너를 화요일로 전화하겠다, 화요일로 부르겠다'라는 말이 되어버립니다.

이렇게 on은 표면에 닿는 느낌이 들 때 사용하는 껌딱지예요. 굉장히 자주, 그리고 넓게 사용되니까 느낌에 익숙해져야 합니다. 표면에 닿다~

마지막!
하루의 스케줄을 봅니다.
3시에 뭐 하지? 보세요.
내가 월요일에 서 있는데(on),
거기서 더 자세하게 들어가는 거죠?

하루 안에서 시간을 포인트(point)로 집는 겁니다.
면적 on이 아닌 **점! 포인트**입니다.
포인트로 딱딱 집어냈다고 해서 on과 다른 껌딱지를 사용합니다.
포인트 느낌이 있는 껌딱지! → **at** [엣]
함께 만들어볼게요.

#3시에 내가 거기 가 있을게.
3시라고 하면 시계 안에서도 포인트가 딱 주어지죠. 3 앞에 at을 붙여줍니다.

I ... will ... be there
extra ... at 3
→ **I will be there at 3.**
[3 어클럭]이라고 말한 분들!
보통 말할 때는 [어클럭]을 뺍니다.

그럼 차이점을 생각하며 만들어보세요.

#2020년에 → **in** 2020
#11월에 → **in** November
#수요일에 → **on** Wednesday
#7시에 → **at** 7

느낌이 어떻게 다른지 잘 생각해보세요.
그 안에 있는 느낌 → in
표면에 닿는 느낌 → on
포인트하는 느낌 → at

#이 책은 토요일에 읽어야지.
book / Saturday / read

.... I will read this book on Saturday.

#당신은 2030년에 부자가 될 겁니다.
rich

....You will be rich in 2030.

#나는 4월에 이거 시작할 수 있어!
April [에이프*릴] / start

....I can start this in April!

#다음 회의는 목요일에 있을 겁니다.
meeting / Thursday

....The next meeting will be on Thursday.

#나 내일은 6시에 일어나겠어!
wake [웨이크]

I will wake up at 6 tomorrow!
.... I will wake up tomorrow at 6!

#저희 다음 레슨은 금요일 4시에 있을 겁니다.
Tip: 엑스트라 순서는 자연스럽게, 아니면 원하는 대로 해도 좋아요.
lesson / Friday

Our next lesson will be on Friday at 4.
.... Our next lesson will be at 4 on Friday.

#월요일에 다시 저한테 상기 좀 해주세요. (please)
Monday / remind [*뤼'마인드]

....Please remind me again on Monday.

214

느낌 하나로 다양하게 활용하죠? 이래서 영어는 알수록 재미있답니다. 그럼 이번엔 시공간에서 시간이 아닌 공간으로 가보죠.

상황) 아들이 나가면서 말합니다.
나 도서관에 있을 거야.

 누가요? 내가 → I

아직 도서관에 도착 안 했죠. 미래니까 → will

 미래에 뭘 한다고요? 도서관에 있을 거래요. '도서관에 있다'는 행동이 아닌 가만히
있어도 말이 되는 상태죠. → be

extra 도서관은 library [라이브*러*리]인데, 그대로 붙이면 내가 도서관이 될 거라는 뜻이
되니까 껌딱지가 필요합니다.
도서관 안에 있을 거라는 말이니까, 안이라는 껌딱지를 붙여서 → in the library

→ **I will be in the library.**

상황) 도서관에 가보니 아들이 안 보여요. 어디 있는 거지? PC방? 친구 집? 영화관? 동네 안에 아들이 있을 수 있는 곳이 여러 곳 떠오릅니다. 딸에게 물어보니 아들이 학교 축제 준비를 한다네요.
걔(남동생) 학교에 있을 거야.
동네 안에서 다른 곳을 빼고 학교 한 곳을 포인트해줬죠? 이럴 때 포인트 들어간 껌딱지 at을 쓰면 되는 겁니다. 만들어봅시다.

 걔는 남동생이니까 → He

지금 있다는 게 아니라 '찾는다면 학교에 있을 거야'라고 미래 기둥으로 써줍니다.
우리말도 마찬가지예요. → will

 걔가 뭐 할 거라고요? 학교에 '있을' 거라니까 be 쪽 → be

 extra 그냥 school만 붙이면 걔가 학교가 될 거라는 뜻이 되니 껌딱지로 연결, 포인트하는
느낌인 at을 넣고 school을 붙이면 끝 → at school

→ **He will be at school.**

공간인 만큼 in과 at을 서로 바꿔서도 잘 쓴답니다.

자, 껌딱지가 공간에 쓰일 때도 시간과 같은 느낌으로 쓰이죠?
그럼 편하게 이번에는 공간을 상상하면서
연습장에서 만들어보세요.

연습   do be extra

#차에서 기다려!
car / wait

.... Wait in the car!

#삼촌! 삼촌 침대에서 점프해도 돼요?
uncle / bed / jump

.... Uncle! Can I jump on your bed?

#6시에 공원에서 나 만나.
park / meet

Meet me at the park at six.

Meet me at 6 at the park.

.... Meet me at 6 in the park.

#자기 보고서는 내가 내 사무실에서 검토해볼게요.
 report [*리'포트]=보고서 / office [오*피스] / review [*리*뷰~]=검토하다

.... I will review your report in my office.

#너 그것 좀 네 방에서 할 수 있을까? (please)
집중을 못 하겠어.
room / do / concentrate [컨센트*레이트]

Can you do that in your room, please?

.... I can't concentrate.

#야! 거기 위에 서 있지 마!
hey / stand [스탠드]

Hey! Don't stand on there!

.... Hey! Don't stand on that!

#넌 바닥에서 자! 내가 침대에서 잘게.
floor [*플로어] / sleep / bed

You sleep on the floor! I will sleep on the bed.

.... Sleep on the floor! I will sleep on the bed.

껌딱지를 느낌으로 알면 응용력도 높아집니다.

TV 켜라! → **Turn on the TV!**

Turn은 돌려! on은 표면에 닿는 껌딱지인데, 왜 이게 '켜다'란
뜻이 될까요?

불 켜라!도 → **Turn on the light!**

전기를 연결하는 그림을 떠올리면 battery [배터리] 끼우고,
전기선을 연결하고 작은 switch [스위치]가 있죠?
그 스위치를 눌러서 구리가 서로 '닿으면' 전류가 흘러서 불이 켜지죠.

닿는 거니까 on입니다.

스위치가 서로 닿게 해서 "불 켜!"

Turn on / the light! 가 된 거죠.

또한 옛날 전구는 누르는 것이 아니라 돌리는 거였죠.
turn 해야 하는 거였어요.

"촛불 켜!"는? → Light the candle!
돌리거나 닿는 게 없잖아요. 정확하죠?
"TV를 켜!" 할 때도 → Turn on the TV!
옛날 TV도 돌리는 거였습니다.

그럼 on에서 붙었던 것을 반대로 떼어내면 **off** [오프]
off는 다른 스텝에서 더 할게요.
그래서 뭔가 스위치로 끄고 켜는 것들 전부 다!

#꺼!   → Turn off!
#켜!   → Turn on!
#스위치 꺼!   → Switch off!

이번 껌딱지는 좀 길었지만 이제부터 서서히 여러분의 영어에 쉬운 빛을 비출 것입니다.
자, 다음 스텝은 월과 요일을 헷갈려 하는 분들이 많아서 구구단으로 따로 준비했습니다.

305

month + day

월요일	화요일	수요일	목요일	금요일	토요일	일요일
Monday [먼데이]	Tuesday [튜즈데이]	Wednesday [웬즈데이]	Thursday [*썰스데이]	Friday [*프*라이데이]	Saturday [쌋터데이]	Sunday [썬데이]

월요일	화요일	수요일	목요일	금요일	토요일	일요일

화	금	토	목	수	월	일

금요일	목요일	토요일	화요일	목요일	수요일	화요일

토	월	수	목	화	금	수

일요일	토요일	금요일	목요일	수요일	화요일	월요일

1월		10월		1월	
2월		12월		6월	
3월		11월		8월	
4월		9월		10월	
5월		1월		9월	
6월		2월		2월	
7월		6월		4월	
8월		7월		11월	
9월		4월		3월	
10월		8월		12월	
11월		3월		5월	
12월		5월		7월	

January [제뉴어*리]	
February [*페뷰*러*리]	
March [말~취]	
April [에이프*릴]	
May [메이]	
June [준]	
July [줄라이]	
August [어거스트]	
September [셉템버]	
October [옥토버]	
November [노*벰버]	
December [디셈버]	

Come On!

3 06
구동사

WALTER
WHITEHEAD
1918

영어로 만들어보세요.

#늦지 마!   → Don't be late!
#일찍 와!   → Be early!

이렇게 come 대신 be를 써서 메시지를 전달할 수 있다고 했죠. 너의 상태가 늦지 말라는 겁니다.

Be on time!

이미지 보세요.
정해놓은 약속 시간이 있고 상대에게 그 시간에 오라는 거죠.
그림처럼 정해놓은 시간에 자신이 서 있는 겁니다. 그래서 on time!
재미있죠? 영어는 이렇게 껌딱지를 다양하게 활용합니다.
영어는 이미지적인 언어입니다.
이제 on의 연장선. 쉽지만 여러분이 자주 틀리는 것 중 하나가 있는데 영어가 어떤 언어인지 감도 잡을 수 있어 따로 준비했습니다.

바로, Come on!
뜻이 뭘까요?
"와?!" "Come!"은 "와!" 맞죠.
그런데 표면에 닿는 껌딱지 on이 있으니,
"와!"는 절대 아닙니다!
그건 그냥 "Come!"이면 돼요!

상상해보세요.
내가 누군가의 행동을 기다리고 있는데, 상대가 그 행동을 하다가 멈추어버리면, 목표점인 저에게로 오다가 멈춰진 거죠?

그러면 내가 여기서 결론을 기다리고 있으니
"와!" → COME!
이미 진행 중이다가 멈춘 거잖아요. on이 되어 있었던 것이니 그 on을 멈추지 말라 해서
→ on!
합쳐서 　　　　　　　　→ Come on!

우리말에 빨리! 빨리! 딱 이 말입니다!
Come on! Come on!
그러니 다양하게 사용될 수 있겠죠.
밥 빨리 먹어, 어서!
　　　　　　　　→ Come on!

상황) 친구와 같이 가는데 갑자기 멈춰서 움직일 생각을 안 할 때.
뭐 해? 가자!
　　　　　　　　→ Come on!
한마디로 표현 가능한 거죠.

그럼 마지막으로, come의 반대는 뭐죠? Go!
go도 비슷한 뜻이 된답니다. → Go on!
come은 내가 기다리는 것이지만, go는 혼자서 가는 것이기 때문에, '나 기다리고 있어, 어서'의 느낌이 없어요.

"괜찮아~ 해 봐~"를 한마디로 → Go on~
조용히 뒤에서 응원해주는 거죠. 그러다 다시 "Come on!"을 말하면 부담감 100%.
come에 on 하나 붙는다고 저렇게 바뀌니 껌딱지는 정말 재미있죠?
그럼 느낌 살리며 실생활에서 말해보세요!

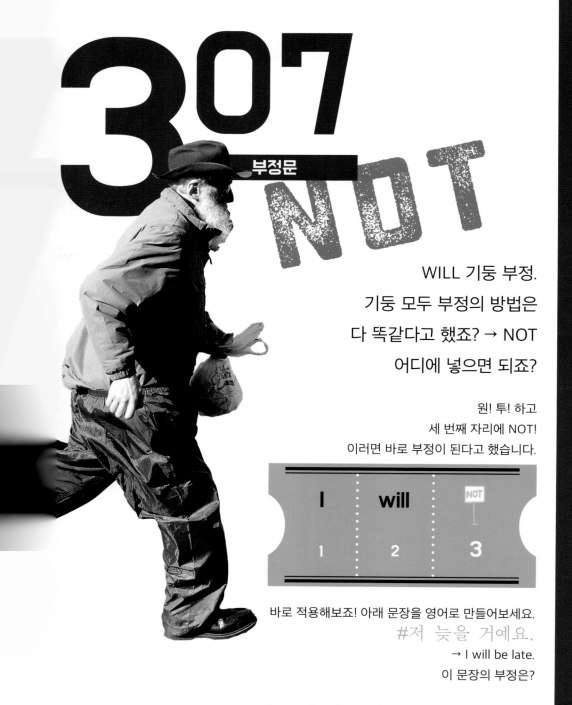

3⁰⁷

부정문

NOT

WILL 기둥 부정.
기둥 모두 부정의 방법은
다 똑같다고 했죠? → NOT
어디에 넣으면 되죠?

원! 투! 하고
세 번째 자리에 NOT!
이러면 바로 부정이 된다고 했습니다.

I	will	NOT
1	2	3

바로 적용해보죠! 아래 문장을 영어로 만들어보세요.
#저 늦을 거예요.
→ I will be late.
이 문장의 부정은?

#저 늦지 않을 거예요. 안 늦을게요.
세 번째 자리에 not만 집어넣고 나머지는 그대로 말하면 완성.
→ I will **not** be late.
어렵지 않으니 연습장으로 바로 갑시다!

#저 배는 뜨지 않을 거야.
boat / float [*플롯트]

....That boat will not float.

#난 포기하지 않겠어! 난 그만두지 않겠어!
quit [쿠윗]

I will not quit!
..................................I will not give up!

#이 바이러스는 퍼지지 않을 겁니다.
virus [*봐이*러스] / spread [스프*레드]=펼치다

....This virus will not spread.

#이번 시험은 쉽지 않을 겁니다.
exam [이그'*젬] / easy [이지]

....This exam will not be easy.

> I will을 묶으면 I'll이 되죠.
> I'll not이라고 묶어 말할 수 있고 기둥과 not을 묶을 수도 있습니다.
> 기둥들은 워낙 자주 쓰이니, 간단하게 묶어서 줄여버린다고 했죠.
> I WILL NOT에서 가운데를 거의 다 빼서
>
> ## I won't
>
> 스펠링이 특이하게 변하죠. 기억하세요. → won't
> 그럼 실생활에서 '안 할 거야'라는 말로 WILL 기둥에 not을 넣어 만들어보세요!

308

부사

224

다음 문장을 영어로 만들어보세요.

#너 늦으면 안 돼.
→ You can't be late.
#안 늦을 거야.
→ I won't be late.
간단하게 I won't.
단어 late는 이렇게 '늦은'이란 뜻이 있습니다.

#See you later!
한 번쯤은 들어보셨죠?
"안녕~ 또 봐요~" 할 때 사용하는 말.
"See you later!"

앞에 나온 late는 '늦은'이란 상태이고, later는
'지금 이후에, 나중에'라는 뜻입니다.
"See you later!"를 직역하면 "너 자신을 나중
에 보라"쯤 되겠죠? 인사말인데, "너 자신을
보라"니 이상하죠? 명령 기둥이 아니라 미래
기둥 WILL이기 때문입니다.
실제 "I will see you later!"라
고 기둥을 넣어서도 자주 말합니다.

인사말이어서 워낙 자주 사용되니 기둥을 생
략한 거지 없는 것은 아닌 거죠.
우리도 자주 사용하는 말은 줄이죠?
취업준비생을 취준생이라고 줄이는 것처럼요.
그냥 later 없이 "I will see you!"도 많이
쓴답니다.
더 줄여서 → See you!
들어보셨죠? 다음 문장을 영어로 말해보세요.

#지금 나한테 전화해!
→ Call me now!
#못 해. 내가 나중에 할게.
→ I can't. I will call you later.

쉽죠? 그럼 이디엄 하나 더 볼까요?

상황) 호감 가는 사람에게 접근할 때는 긴장하기 마련이죠. 그때 친구가 말합니다.
#Go! Make a move!

무슨 뜻일까요?
make는 무언가를 만드는 거죠. a move, 즉 움직임을 만드는 거예요.
긴장된 상황에서 움직이는 것이 쉽지 않을 때 **행동으로 옮겨서 뭔가를 해라!**
영어로 → Make a move!
간단하게 내용을 전달하죠? 그래서 다양한 상황에서 많이 쓰입니다.

상황) 비즈니스에서 결정을 앞둔 상황에 동료가 말합니다.
#No, we won't make a move now.
We won't로 쓰는 것은 미래 기둥으로 말하면서
우리가 미래에 make a move 하는 일은 없을 거다,
다시 말해, '하지 말자'라고 강하게 말하는 겁니다.
지금 행동을 취하지 말자고 하는 거죠.
비슷한 느낌으로 어떻게 더 쓸 수 있는지 보죠.

상황) 사람들을 인질로 잡은 상황에서
#Do not make a move!
인질범이 이렇게 말하면 나서지 말라는 겁니다.

상황) 체스 게임에서 시간을 끌 때
#시간 끌지 마! 움직여!
> stall=시간을 끌다 <
→ Do not stall! Make a move!

그냥 "Move!" 하면 움직이라는 말이지만
"Make a move!" 하면 다음 상황을 생각하면서 액션을 취하라는 거죠.
단어만 보면 별거 아닌 것 같지만 이렇게 다른 말로 쓸 수 있습니다.

이런 것들이 **이디엄**이에요. 단어는 다 아는데 이해가 안 가는 표현들!
여러분은 실제 자주 사용하는 것들만 익히면 됩니다.
그럼 연습장에서 later 문장을 더 만들어보고 지금까지 코스에서 접한
이디엄을 복습해보세요.

#너희 아빠는 이따가 오실 거야.

....Your dad will come later.

#이거 나중에 해도 돼요?
do

....Can I do this later?

#있다가 문자할게.
text [텍스트]

....I'll text you later.

#저희는 나중에 할게요!

....We will do it later!

3⁰9

see

watch

look

신체적 기능은 '작동한다' 해서 영어에서는 두비 중 '하다'인 do 쪽으로 사용한다고 했죠.
그럼 이제 신체가 뭘 할 수 있는지 볼까요?

먼저 눈!

눈으로 '보다'라는 뜻의 단어는 영어에서 총 3개!
'째려보다' 이런 거 말고 우리가 보통 말하는 '보다'가 3개입니다.
우리가 봤을 때는, 쓸데없다는 생각이 들 수도 있지만 신체를 기능으로 바라보며 그 기능
을 분리한 겁니다.
우리도 색깔을 다양하게 말하죠? 빨간색, 붉은색, 뻘건 색, 시뻘건 색 등 다 일상에서 사용
하지만 영어는 보통 red에서 끝내요. 이렇게 서로 상세히 보는 것이 다른 것뿐입니다. 그
럼 확인해보죠.

#see [씨]   #watch [왓취]   #look [룩]
이 단어들은 각자 서로 사용법이 다릅니다. 비교해보죠.

첫 번째 보기: see

우리는 눈이 있어서 볼 수 있습니다. 눈이 있어 보는 것을 see라고 합니다.
그래서 "I will see you later!"라고 하는 거죠.
앞에 있으면 노력하지 않아도 보인다는 겁니다.
만들어보세요.

나 보여.

→ I can see.

맹인, 시각장애인은 이 see를 못하는 겁니다.

눈뜬장님이 되지 마라!

> 눈뜬장님=a blind fool [블라인드 *풀] <

→ Don't be a blind fool!

하지만 정말 눈이 먼 사람에게 쓰는 말은 아니죠.

나무가 보인다.

→ I can see a tree.

두 번째 보기: watch

창문 밖을 보는데 새가 날아갑니다. 움직임을 따라가면서 보는 것이니 눈이 다른 기능을 하죠. 움직임을 따라가며 볼 때의 행위는 watch라고 합니다.

저 새 좀 봐!

→ Watch that bird!

그래서

TV를 봐!

→ Watch TV!

화면 안에서 계속 움직이잖아요.

TV 보지 마!

→ Don't watch TV!

세 번째 보기: look

친구를 부릅니다. "야! 저 새 좀 봐!"
친구는 와서 창문 밖의 모든 광경을 보지 않고, 딱 꼬집어서 새만 보겠죠. 일부러 눈을 한곳으로 고정해서 보는 거잖아요.
눈의 기능을 집중해서 한곳만 골라서 보니 앞에서 말한 see나 watch와는 다른 기능이죠?
이렇게 보는 것을 look이라고 합니다. 일부러 포인트를 잡고 그것만 보는 거죠.
포인트로 골라서 보기 때문에 껌딱지를 붙여줍니다.
뭘까요?
당연히 at이죠! 포인트 껌딱지! 정말 이치에 딱 맞는 언어죠?

저 새 좀 봐!

→ Look at the bird!

이제 상상하면서 영어로 바꿔보세요.

상황) 새가 날아다니고 있습니다.
#저 새 좀 봐!
→ Watch that bird!

상황) 새가 가만히 앉아 있습니다.
#저 새 좀 봐!
→ Look at that bird!

여러분이 어떤 단어를 선택하느냐에 따라 듣는 사람에게 보라는 대상이 살짝씩 달라집니다.
틀려도 다 알아들으니 차이점에 먼저 익숙해지세요.
이번에는 문장을 보고 어떤 뜻인지 이해해보세요.

#Can you see the baby?
눈을 뜨면 보이느냐 안 보이느냐 묻는 거예요.
→ 아기 보여?

#Can you watch the baby?
볼 수 있느냐는 건데, 계속 움직이는 것을 볼 수 있느냐고 묻는 겁니다. '움직이는 아이를 볼 수 있
느냐'는 것은 우리말로는 "아이 좀 봐줄 수 있어?"라고 묻는 거랍니다.
#아기 좀 봐줄 수 있어?
→ Can you watch the baby, please?

아이가 장난감 위에 올라서 있는 모습이 귀여워요.
#어머! 아기 좀 봐!
단순히 눈을 떠서 보는 게 아니라, 일부러 고정을 하고 뭔가를 보라는 거죠. → Look
포인트 해주면서, 아기를 보라는 거니 baby 앞에 포인트 껌딱지인 at을 붙이고 말합니다.
→ Look at the baby!
at이 가리키는 걸 보라는 거죠.

다 결국 보는 건데, 영어에서는 이렇게 다르게 사용합니다.
연습하다 보면 금방 익숙해진답니다.
연습장에서 직접 해보세요.

#시간 좀 봐! 너 늦겠다.
time [타임] / look / late

....Look at the time! You will be late.

#토요일에 보자.
Saturday / see

.... I'll see you on Saturday.

#제 가방들 좀 봐주실 수 있으세요?

....Can you watch my bags?

상황) 직원이 리포트를 가져왔습니다.
#고맙습니다. 제가 나중에 볼게요.

....Thank you. I will look at it later.

#A: 날 믿고 이 영화 봐봐. 후회하지 않을 거야.
trust [트*러스트] / watch / regret [*리그*렛]=후회하다

Trust me and watch this movie.
....You will not regret it.

#B: 알았어. 나중에 볼게.

....Okay. I will watch it later.

#날 봐!

....Look at me!

#네 몸 자세 좀 봐!
posture [포스쳐]

....Look at your posture!

3 10

목적격대명사

YN Q +
us them

Yes 아니면 No 답을 찾는
방법은? 1번, 2번 뒤집기!
바로 문장이 안 나오면
기본 기둥 문장을 만든 후에,
뒤집으면 됩니다.
이제 질문은 다 이 방식으로
하면 되는 거예요. 그럼 바로
연습장으로 들어가죠.

1 2

헷갈리면 기본 기둥 문장을 만들어본 후에, 뒤집으면 됩니다.

#네 형은 네 땅을 훔칠 거야. 형을 믿지 마!
steal [스틸] / land [랜드] / trust [트*러스트]

.... Your brother will steal your land.
.... Don't trust him!

#형이 내 땅을 훔칠까?

.... Will he steal my land?

#내년에 새 교복은 비쌀까요?
uniform [유니*폼] / expensive [익스펜씨*브]

.... Will the new uniform be expensive next year?

#전 내일 그곳에 없을 겁니다.

.... I won't be there tomorrow.

#편집장님은 그곳에 계시지 않을 건가요?
editor [에디터]

.... Won't the editor be here?

#관객들이 이 쇼를 좋아할까?
audience [오디언스] / show / like

.... Will the audience like this show?

단어만 알면 벽돌 바꿔치기하면 되는 거예요. 쉽죠?
기본 스텝 진도를 조금 더 나가볼게요.

233

#나는? → I
#우리는? → we
기둥 뒤에 #나는? → me
그러면 기둥 뒤에 #우리는?
바로 US [어스]입니다.
다음 문장을 영어로 만들어보세요.

#너희 엄마가 나를 좋아하실까?
→ Will your mother like me?
#너희 엄마가 우리를 좋아하실까?
→ Will your mother like us?
이게 끝!

벽돌 바꿔치기이니 단어에 익숙해지기만 하면 돼요.
하나만 더 배워보죠.

#너희 할머니가 쟤네들 마음에
들어 하실까?
쟤네들 they가 기둥 뒤로 가면?
them [뎀]으로 바뀝니다.
역시 같은 위치에서 단어만 바꿔주시면 됩니다.
→ Will your gran like them?

쉽죠? 바로 연습장으로 넘어가죠.

#우리한테 보여주시겠어요?
show [쇼]

....Will you show us?

#가서 쟤네들 좀 도와줘.

....Go and help them.

#우리는 여기에 숨을 수 없어. 그들이 우릴 찾을 거야.
hide [하이드] / find [*파인드]

....We cannot hide here. They will find us.

#그분들을 안으로 모셔 오시겠어요? 기다릴게요.
bring [브*링] / wait [웨이트]

....Will you bring them in? I will wait.

#당신이 쟤네들을 보호해줄 거예요?
protect [프*로텍트]

....Will you protect them?

235

3¹¹ 접속사

세 번째 연결끈. **BUT**

이제 연결끈은 몇 개 안 남았습니다.

앞에서 본 and와 then.

then은 특성이 연결끈과 비슷하여 연결끈으로 분류했습니다.

#너와 나 → You and I
#기다리면서 봐봐! → Wait and see!

이렇게 and는 같은 그룹으로 묶을 때 사용했죠. 이번에는 and와 반대의 느낌인 연결끈을 살펴볼게요.

이건 가져갈 건데. 저건 안 가져가.

2개가 함께 있지 못하게 빼버리는 거죠? 이럴 때는 but으로 연결합니다.
→ I will take this, but I won't take that.
but은 '하지만, 그렇지만'이란 뜻입니다.
문장을 비교해보세요.

#I will go up. and I will not come down.
나 / 올라갈 거야. 그리고 나 / 내려오지 않을 거야. → 나 올라가서 안 내려올 거야.

#I will go up. but I will not come down.
나 / 올라갈 거야. 그렇지만 나 / 내려오지 않을 거야. → 나 올라갈 거지만 내려오지는 않을 거야.

간단하죠? 그런데 연결끈 사이에 있는 콤마! 콤마는 영어에서는 쉼표처럼 사용된다고 보면 되죠? 숨을 쉬어야 하는 느낌이 드는 곳에 넣을 뿐이니 편하게 보세요.
다음 문장 만들어보죠.

상황) 친구가 저희 이모부가 오시냐고 묻습니다.
#우리 이모부?
> 이모부, 큰아빠, 삼촌 전부 다 uncle <
→ My uncle?

#어, 오실 건데, 오늘 오시진 않을 거야.
→ Yes, he will come, but he won't come today.

#어, 오실 건데, 오늘 말고.
줄였죠? 상식적으로 생각하세요!
→ Yes, he will come, but not today.
he won't come today를 줄여서
not today로 말한 거죠.

이게 끝! 그럼 연습장에서 직접 만들어보세요.

237

#나 내일은 바쁠 텐데 그래도 전화할게.
busy [비*지] / call

....I will be busy tomorrow but I will call you.

#이건 이해가 되는데 이건 안 돼.
understand [언더스탠드]

....I can understand this but not this.

#우리는 쟤네들을 도와줄 거지만 쟤네들은
우릴 도와주지 않을 거야.
help

....We will help them, but they will not help us.

#A: 피아노 칠 수 있어?
play / piano

.... Can you play the piano?

#B: 아니, 근데 바이올린은 켤 수 있어.
play / violin [*봐이'얼린]

.... No, but I can play the violin.

#제 아이들을 훈육해주세요, 하지만 때리지는 마세요.
discipline [디쓰플린] =훈육하다 / hit [힛]

.... Discipline my kids, but don't hit them.

#난 이걸 할 수는 있지만 안 할 거야.

I can do this, but I won't do it.
.... I can do this, but I won't.

#그 대사님(여) 오실 거야, 다만 혼자서 오실 거야.
ambassador [엠'바사더]

That ambassador will come,
.... but she will come alone.

#이거 가지고 가! 그런데 저건 가지고 가지 마!

....Take this! But don't take that!

238

국내에서 영어 수업을 하다 보면 자주 일어나는 일이죠. 많은 학생이 영어로 읽는 것은 잘합니다. 수능을 막 끝낸 학생 3명에게 영어 기사를 읽어보라고 하니 빨리 읽더군요. 쉽지 않은데 잘 읽어서 이제 이 기사에 대해 토론하자고 하니 무슨 내용인지는 거의 모르겠대요. 그러더니 다시 천천히 읽어보면 안 되느냐고 묻더군요.

수능을 대비하는 촉박한 시간으로 인해 학생들은 문장을 제대로 읽는 훈련을 받지 못하고, 특정 단어나 특정 문장구조, 구절 등을 찾아서 빨리 답을 선택하는 방법을 훈련 받습니다. 이거 꼼수법 맞지 않나요?

이 방식은 훈련이 한창 진행되어야 할 때 시작됩니다. 일단 빨리 다 읽고 나서 다시 천천히 읽으며 이해하려고 해요. 읽는 동시에 뜻을 상상하지 않고 먼저 소리만 내서 빠르게 읽어나가는 거죠. 읽기의 목적은 입술을 움직여 소리를 내는 것이 아닙니다. 천천히 읽더라도 이해를 하면서 읽으세요. 그 과정에서 얻는 게 많답니다.

영어로 된 어떤 글이든 여러분이 읽을 때 내용을 65~70% 정도 이해하면 읽을 수 있는 자료입니다. 하지만 문장들이 내리 이해가 되지 않을 때는 그 자료를 내려놓으세요. 외국어는 이해가 가는 것부터 먼저 읽으셔야 합니다. 아는 것을 소화하고 탄탄하게 익혀서 빨리 읽어도 뜻이 머릿속에 어느 정도 잘 그려진다면 그것이 나에게 맞는 자료입니다.

하지만 영어 구조에 대한 전반적인 이해 없이 그냥 읽어버리면 솔직히 뭐가 어렵고 뭐가 많이 쓰이는지 구별을 못 하게 됩니다. 드라마, 책, 영화, 뉴스를 보는 것은 아주 좋은 방식이며 이 코스에서도 자연스럽게 연결해드릴 겁니다. 혹시 지금부터 기초라도 영어 읽기를 하고 싶으면 연습장에서 영어 가이드를 보면서 반대로 우리말로 바꾸는 연습을 해보세요. 기초가 탄탄해질 겁니다.

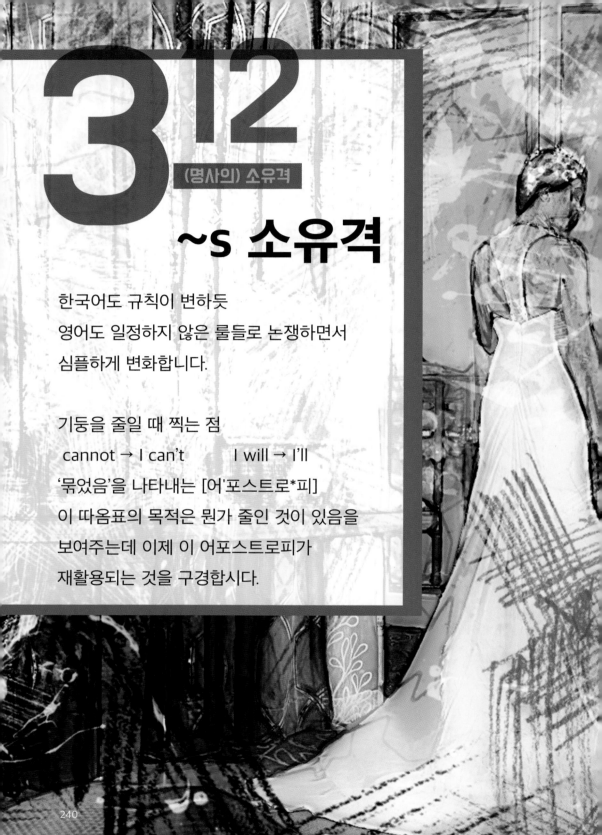

(명사의) 소유격

~s 소유격

한국어도 규칙이 변하듯
영어도 일정하지 않은 룰들로 논쟁하면서
심플하게 변화합니다.

기둥을 줄일 때 찍는 점
  cannot → I can't   I will → I'll
'묶었음'을 나타내는 [어'포스트로*피]
이 따옴표의 목적은 뭔가 줄인 것이 있음을
보여주는데 이제 이 어포스트로피가
재활용되는 것을 구경합시다.

#콧수염 → mustache [머스타쉬]

발음 특이하죠.

#내 콧수염 → my mustache

#네 콧수염 → your mustache

#내 남편 → my husband

그럼 **내 남편의 콧수염**은?

그냥 my husband mustache라고 나열하면 그건 남편과 콧수염이 따로 있는 겁니다.

방법은 my husband 뒤에 어포를 붙이고 s를 붙여줍니다, **'s** [즈].

my husband's mustache

이렇게 말하면 '내 남편의 콧수염'을 가리키는 겁니다.

어포는 뭔가를 줄일 때 사용한다고 했죠.

옛날 영어는 **누군가의 것이라고 소유권**을 말할 때 이렇게 뒤에 **es**를 붙였다고 합

니다. 시간이 지나면서, 더 간단히 쓰기 위해 어포 하나 찍고 그냥 s만 붙이게 된 거죠.

콧수염은 남편 것이니 husband's mustache.

#고양이 눈 → cat's eyes

고양이 눈은 고양이 거잖아요.

하지만 책상다리는 책상 거라고 하지 않죠. 이렇게 물건은 다른 것을 소유하지 않기 때

문에 물건에는 이 방식을 사용하지 않는답니다. 그건 다른 스텝에서 가르쳐드릴 거고

지금은 's부터 탄탄히 같이 익히죠.

#내 친구의 남자 친구

→ my friend's boyfriend

#내 친구의 남자 친구는 스키 못 타.

누가 못 해요? 내 친구의 남자 친구 → My friend's boyfriend

못 한다고 했으니까 기둥은 → cannot

뭘 못 한다고요? 스키를 못 탄대요. → ski

→ My friend's boyfriend cannot ski.

#내 가장 친한 친구의 결혼식
wedding [웨딩]

.... My best friend's wedding

#가서 칼 마르크스의 《자본론》을 읽어보세요.
Karl Marx / Capital [캐피털] / read

....Go and read Karl Marx's *Capital*.

상황) 경찰관이 물어봅니다.
#운전면허증을 볼 수 있을까요? (운전자의 면허증)

driver / license [라이슨스]=면허증 / see

.... Can I see your driver's license?

#난 너희 언니 향수 안 쓸래.
Tip: '몸에 착용하다'는 향수, 신발 모두 wear를 씁니다.
perfume [펄~*퓸] / wear [웨어]

.... I won't wear your sister's perfume.

상황) 회식을 하고 있는데 직원 몇 명이 회사 경비에 대해 의논 중입니다.
#지금 회사 경비를 의논하지 말아요!
company [컴파니]=회사 / expense [익'스펜스]=경비 /
discuss [디스커스]=의논하다

....Do not discuss the company's expenses now!

#우리 아들이 당신 아버님 연을 안 날리려고 하네.
kite=연 / fly

....Our son won't fly your dad's kite.

#내가 네 남편 골프채 빌릴 수 있을까?
golf club [골*프 클럽] / borrow

....Can I borrow your husband's golf club?

조금 더 다양하게 접해볼게요. 번역!
#Don't stay at your father-in-law's house.
있지 말아라 / 너희 아버지 / 법 안의 너희 아버지 집에?

'Father-in-law'는 시아버지나 장인어른을 말합니다. 결혼을 하면서 법으로 연결된 아버지인 거죠. 영어는 시가와 친정으로 구분되는 단어가 없답니다.

#아버지의 꿈
→ father's dream
#시아버지, 장인어른의 꿈
→ father-in-law's dream
어렵지 않죠?

영어로 바꿔보세요!

#학교	→ a school
#고등학교	→ a high school
#남자 한 명	→ a boy
#남자애들	→ boys

남자 학교는?

학교인데 남자 한 명이 있는 학교가 아니라 여러 명 있는 거죠?
a school인데, boys의 학교,
남자애들의 학교인 거죠.
a boys' school이라고 합니다.
여러 명일 때 s [즈]를 붙이죠. 두 번 s를 반복하지 않기 위해 boys 한 후 어포만 붙여주고 s를 안 붙입니다. 실용적인 룰이죠.

Jesus [지서스]. 누구일까요?
예수입니다. 그런데 보면 이름이 s로 끝나죠? 그럼
#예수의 오른쪽   → Jesus' right
역시 s를 또 안 붙입니다. 고대 이름은 그만큼 유명하여 역사에 남는 것이니 이런 이름은 's를 원래
안 붙이는 것이 룰이었다고 합니다.

다음은 누구일까요?
Moses [모우*지*즈]
모세입니다. 구약성서에 나오는 예언자죠.
"살인하지 말라, 네 이웃에 대하여 거짓 증거
하지 말라" 등등 들어봤나요?
바로 #모세의 10계명
모세의 10계명을 영어로 하면?
→ Moses' 10 commandments

역시 어포만 붙죠?
10계명이 쓰여 있는 돌판은 영어로?
→ tablet [태블릿]

지금도 스마트폰 같은 기기를 태블릿이라고
부르죠.

이번에는 애플사의 Steve Jobs가 이 사람과
하루 오후를 보낼 수 있다면 자신의 모든 기술
을 다 내놓겠다고 한 인물. 누구죠?
Socrates
영어는 [테스]가 아닌 [티스]로 발음합니다.
[소크라티스]. 철학자 소크라테스죠.
#소크라테스의 죽음
→ Socrates' death

이렇게 영어도 변하면서 실용을 선택합니다.
우리가 외국어를 공부하려는 것은 고리타분한
룰을 알기 위해서가 아니라, 소통하고 정보를
공유하면서 내 세계를 키우려는 거죠? 그것이
패션의 세계든, 장사의 세계든 말이에요. 그러
니 룰에 스트레스 받지 말고 편하게 어포 s를
사용하여 만들어보세요!

244

3 13

의문사 의문문

WH Question

시작합시다!

#봐! → Look!

#내 얼굴 좀 봐! → Look at my face!

#내 얼굴을 안 보려 하네.

누가 내 얼굴을 안 보나요? 상대방
이니까 → You

보라고 해도, 안 보려고 하는 거죠.
안 하려고 하는 거니까 WILL 기둥
에 부정 not까지 붙여서 → won't

뭘 안 하려고 해요? 보는 건데
얼굴을 포인트해서 보는 것이니
→ look

뭘 봐요? 내 얼굴, look 썼으니까
포인트 껌딱지도 붙여서
→ at my face

→ You won't look at my face.

이제 질문으로 만들어볼게요.

#너 왜 내 얼굴 안 보려고 해?

1번 2번을 뒤집고 그 앞에 WH를 붙이면 되죠.

Won't you look at my face?

→ Why / won't you look at my face?

```
You  won't  look.
        ↶  ↷
Won't  you              ?
        ↓
Wh   그대로 내려오기      ?
```

더 줄여서

#왜 안 보려고 해?라고 하려면

my face를 줄여서 it으로 말하면 됩니다. my
face가 it인 거죠. it은 번역 안 된다고 했죠.

→ Why won't you look at it? 아니면

→ Why won't you look at me?

245

연습할수록 느니까 계속 만들어보세요.

#A: 네 동생(여자)이 네 돈 쓸 거야?

> spend [스펜드]=돈, 시간을 쓰다 <

　　　　Will your sister spend ~

extra　엑스트라는 뭐죠? '네 돈'을 쓰는

　　　　거니까 → your money

　　　　→ Will your sister / spend /

　　　　your money?

#왜 네 동생이 네 돈을 쓸 건데?

　　　　→ Why / will your sister spend

　　　　your money?

두 문장을 연결해서 말해보세요.

#A: 네 동생(여자)이 네 돈 쓸 거야? 왜 네 동생이 네 돈을 쓸 건데?

　　　　→ Will your sister spend your

　　　　money? Why will she spend

　　　　it?

#B: 난 괜찮을 거야. 걱정하지 마.

　　　　→ I will be fine. Don't worry.

#A: 순진하게 굴지 마!

'순진한'이란 뜻의 단어는 naïve [네이브]. 철자가 특이해요. I 위에 점이 2개 있어서 컴퓨터 MS 워드 프로그램에서 타이핑하고 엔터를 치면 자동으로 위에 점이 2개가 생긴답니다.

　　　　→ Don't be naïve!

#A: 당신 이거 하실 거예요?

　　　　→ Will you do this?

#B: 안 할 거요.

　　　　→ No, I won't.

#A: 이거 안 한다고요?

　　　　→ You won't do this?

(상대의 대답을 듣고도 다시 반복하는 거죠. 질문이 아니기 때문에, 그냥 그대로 말만 반복하면 돼요. 우리말도 똑같죠. 말투만 되풀이하는 질문으로 하면 됩니다.)

#A: 그럼 당신은 뭐 할 거예요?

　　　　→ Then what will you do?

연결끈이 있네요. 그다음 순서를 말해주는 연결끈 then.

#그리고 어디에 계실 건데요?

　　　　→ And where will you be?

#B: 묻지 말아주시오.

　　　　→ Please do not ask.

이제 연습장에서 직접 만들어보세요.

#내년에 뭐 할 거야?
year / do

....What will you do next year?

#저 여자애는 이 방에서 누굴 고를까?
girl / pick [픽]

....Who will that girl pick in this room?

#너 어떻게 살아남을 건데?
survive [서'*바이*브]

....How will you survive?

#그분(여) 어디에 있을까요?

....Where will she be?

#쟤네들 여기 언제 와?
Tip: be 쪽으로 만들어보세요.

....When will they be here?

#너 이거 또 안 할 거라고?

....You won't do this again?

컴퓨터 키보드를 보면 shift 키가 있습니다. 소문자로 치다가 shift 키 누르고 같은 문자를 치면 그 문자가 대문자로 변하죠. shift란 '크게 자세를 바꾸다'라는 뜻이 있습니다. 그래서 이 코스 연습장에서 이전에 배운 기둥들도 랜덤으로 같이 내는 것을 shifting 한다고 표현합니다.

교대 근무도 shift라고 합니다. 같은 일을 누군가 하다가 shift 되면서 다른 사람으로 책임자가 변하는 거죠. 이제 마지막 문장을 만들어보고 끝내겠습니다.

#쟤네들 왜 오늘밤 야간 근무 안 하려 한대?
> 야간 근무는 night shift <
→ Why won't they do the night shift tonight?
Why can't? Why won't? 등을 줄이면?
→ Why not?

314

지시대명사/동사

those + get vs. be

#이것저것 → this that

가리키는 것이 2가지 이상일 땐 이것들 저것들, [즈] 소리로 끝나죠.
#사과 → an apple
#사과 2개 → two apples [애플즈]
this와 that도 같은 방식이 적용됩니다.
this가 여러 개면 뒤에 [즈]를 붙여서 간단히 [디즈].

스펠링은 **these.**
스펠링이 이렇게밖에 안 나오니까 기억하세요. 스펠링이 바뀌니 발음도 살짝 더 길어집니다, [디이~즈].
그럼 that이 여러 개일 때는?

these [디즈]에서 e 빠지고 o로 바뀌는 것밖에 없어요, **those.**
대신 발음은 [도오즈]로 바뀝니다. 연습장에서 익숙해지세요.

상황) 애인한테 줄 꽃을 고르는 중입니다.

#이 꽃들이면 완벽할 거야!
flower / perfect [펄*펙트]

....These flowers will be perfect!

#저 문제들은 사라질 거야.
problem [프*러블름] / disappear [디싸'피어]

....Those problems will disappear.

#이 사람들은 일을 할 수가 없고,
저 사람들은 일을 안 할 거야.
people / work

These people cannot work,
.... and those people will not work.

#저 남자들은 포기하지 않을 거야.
give up [기브 업]

....Those men will not give up.

#A: 저 사람들은 이것들을 승인하지 않을 겁니다.
approve [어'프루*브]

....Those people won't approve these.

#B: 그럼 설득하세요!
convince [컨'*빈스]

....Then convince them!

#이 자석들을 사용해봐.
magnet [마그넷]=자석

.... Use these magnets.

#저희 이 박물관들 갈 건가요?
museum [뮤'*지~엄]

.... Will we go to these museums?

these와 those는 쉬우니 하나만 더 하죠.
get이란 단어 아시죠? Get out! Get up!
get은 두비 중 do 쪽에 속하는 단어입니다. '얻다'라는 느낌이 있어요.
챙긴다는 느낌의 take는 아니고 얻어지는 겁니다.
없다가 생기는 get.

상황으로 들어가보죠.

상황) 친구가 아픕니다.
이미 아픈 상태죠.
#아프지 마!　　　→ Don't be sick!

다른 상황) 동생이 멀쩡해 보이는데, 콧물을 훌쩍거려요. 어? 감기 걸리는 건 아닌지 걱정이 돼요.
그런데 아직 아프진 않은 거죠.
아프지 마!
이때는 안 아픈데, 아픈 걸 get 할 수 있는 것이니 get을 써요.
→ Don't get sick!

차이점 보이나요?
#Don't be sick!　　　　　→ 아픈 상태가 되지 마! 아프지 마!
#Don't get sick!　　　　　→ 아프게 되지 마! 아파지지 마! 아프지 마!
우리말로는 둘 다 "아프지 마!"지만 영어에서 get을 쓰면 느낌이 좀 달라요. 하나 더 해보죠.

Hulk (2003) [film]
Directed by A. Lee

상황) 화를 내는 '헐크'. 유명하죠?
#화내지 마!
→ Don't be angry!

다른 상황) 나쁜 소식을 전해야 하는데 분명
화를 낼 거예요.
저기. 화내지 마.
→ Umm don't get angry.
아직 화난 상태가 아니지만, 화가 나는 상태를
얻지 말라는 겁니다.
화내지 마. 알았지?
→ Don't get angry, okay?

나한테서 없던 것이 생겨나는 get!
두루뭉술하게 감으로 접하는 이유는 온 사방
에 재활용되는 단어이기 때문입니다.
그럼 아침에 깨울 때 말하는 "Get up!"은 왜
get을 쓸까요?
자면 누워 있는 상태죠. up 된 상태를 만들라
는 겁니다.
알았어. 일어날게!
→ Okay, I will get up!
up 되게 get 행동을 할게, 라는 뜻이죠.

나가! 할 때의 "Get out!"
지금은 안에 있지만 out을 얻게 하라는 거죠.
그래서 "Get out!"
자꾸 get이 되는 것을 상상하며 익숙해지세요.

상황) 거만한 사람이 있습니다.
#거만하게 굴지 마!
> '거만하다'는 arrogant [아*로건트] <
→ Don't be arrogant!

상황) 갑자기 친구가 거만해집니다.
#거만해지지 마라!
→ Don't get arrogant!
get의 느낌. 미묘하죠.

#땅바닥에 앉지 마.
네 드레스 더러워져.
지금 더러운 것이 아니라, 더러워질 거다,
dirty해질 거라고 하는 거죠.
→ Don't sit on the ground.
Your dress will get dirty.

"Your dress will be dirty"라고 하면 "네 드레
스 더러울 거야"라는 말이 돼서 뜻이 어색해지
죠. get과 메시지가 달라요.

다음 세 단어는 재활용이 많아서 우리에게 유
용하게 쓰일 수 있답니다.
#내 돈 가져!
→ Have my money!
#내 돈 가져가!
→ Take my money!
#내 돈 갖고 와!
→ Get my money!
느낌을 상상하며 적용해 만들어보세요!

315

주어 it + they

영어로 만들어보세요.

#그냥 하세요!

→ Just do it!

#저희가 할게요!

→ We will do it!

여기까지는 금방 나와야 합니다. 다음 단계를 볼게요.

#내일 날씨는 화창할 거야.

🐾 뭐가 화창할 거래요? 내일 날씨 → Tomorrow's weather [웨*더]

　 내일을 말하니 미래 기둥 → will

(do)(be) '화창하다'는 행동이 아니니 두비 중 be → be

extra 날씨를 말할 때 많이들 아는 fine [*파인] 아니면 clear [클리어] → clear

→ Tomorrow's weather will be clear.

clear는 투명하다는 말로 날씨에서는 화창해서 구름 한 점 없는 상태를 말해요.

#아니야. 흐릴 거야.

아니라고 하니 → No

🐾 뭐가 흐릴 거래요? 내일 날씨. 하지만 방금 그 단어를 말했는데 영어에서는 이런 반복을
　 싫어한다고 했죠. 단어를 반복 안 하려는데 she, he는 아니고 성을 모르니 → **It**
　 Just do it! 할 때 접한 it. it은 기둥 앞에도 it으로 쓰여요.

　 지금 흐린 게 아니라, 흐릴 거라고 하니까 미래 기둥 → will

(do)(be) '흐리다'는 두비 중 상태인 be 동사죠? → be

extra cloud는 구름, cloudy는 '구름 낀, 흐린'이란 뜻입니다. → cloudy

→ No, it will be cloudy.

#오늘은 비가 많이 올 거야.

🐾 "비 오겠네, 눈 오겠네"라고 말할 때는 뻔히 날씨를 말하는 줄 아니까 처음부터 카멜레
　 온을 it으로 시작할 때가 많답니다.

　 지금 말고 이따가 오는 거니까 → It will

(do)(be) '비가 많이 오다'는 두비 양쪽 다 되는데 be로 가볼게요. → be

extra '비가 많이 오는'이란 단어는 cloud가 cloudy가 되는 것처럼

　 #비 → rain, **'비가 많이 오는'**이란 단어는 rainy가 됩니다. → rainy

extra 엑스트라가 또 있네요. '오늘' 많이 온답니다. → today

→ It will be rainy today.

#오늘 눈 많이 오겠네.

🐾 뻔히 날씨를 말하는 것이니 → It

　 지금 오는 거 아니니까 → will

(do)(be) '눈이 많이 오다'도 같은 방식으로 가볼게요.

extra #눈은? snow니까 '눈이 많이 오다'는 snowy → be snowy

extra 엑스트라가 또 있네요. '오늘' 많이 온답니다. → today

→ It will be snowy today.

#인생은 힘들겠지만, 재미있을 거예요.
life [라이*프] / tough [터*프] / fun [*펀]

.... Life will be tough, but it will be fun.

상황) 여자 친구가 게임이 언제 끝나는지 물어봅니다.
#곧 끝날 거야.
soon / end
.... It will end soon.

#네 열쇠 못 찾겠어? 식탁 위에 있을 거야!
아니다! 내 침대 위에 있겠다!
key / find / table / bed

Can't you find your key? It will be on the table!

.... No! It will be on my bed!

하나 더 접해볼게요.
상황) 친구가 쇼핑을 합니다.
#그것들 사지 마!
→ Don't buy those!

#별로일 거야.
뭐가 별로일 거래요? 그것들이죠.
방금 말한 those의 반복을 피하고,
그럼 물건이니까 it을 생각할 수 있
는데 그것들이니 2개 이상이죠?

그러면 it이 아닌 **they** [데이]로 말한답니다.
→ They won't be good.

they라고 하면 무조건 사람한테만 쓴다고 생
각하지만 they는 사람, 물건에 다 쓰입니다.
아래에서 기둥 뒤에 넣어 만들어보세요.

#내 옷들 입지 마!

.... Don't wear my clothes!

#입지 마!

.... Don't wear them!

#네가 늘어나게 할 거라고!
stretch [스트'*레~치]

.... You will stretch them!

254

316

의문사 의문문

WH 주어

#집중하세요! → Concentrate!
#(한곳으로) 집중하세요! → Focus!

이번 스텝은 이미 한번 했기 때문에 쉬울 겁니다.

카멜레온이 무엇인지 물어보는 WH 주어 질문.
주어인 카멜레온을 찾는 거죠?
뒤집을 것 자체가 없으니 1번 자리에 WH를 넣어버린다고 했죠?
같이 만들어봅시다.

#넌 살아남을 거야.

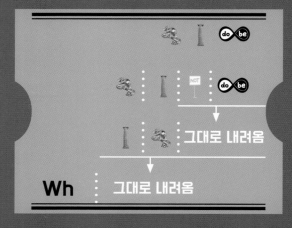

너니까 → You

지금 이후에 살아남는 거니까 미래 기둥 → will

'살아남다'는 상태 같지만, 목숨을 부지하기 위해선 뭔가를 계속하니 do 쪽
→ survive [서'*바이*브]

→ You will survive.

#넌 살아남을 거야? 질문형으로 바꾸려면

앞에를 뒤집고 나머지는 그대로 내려오면 되죠?

→ Will you survive?

#넌 어떻게 살아남을 거야? How만 앞에 붙이고 나머지는 그대로~

→ How will you survive?

#난 살아남을까?

→ Will I survive?

카멜레온 자리만 벽돌 바꿔치기하면 되죠?

#누가 살아남을까?

누구인지를 모르는 거죠. 카멜레온 자리! 비었죠?

→ Who will survive?

#누가 죽을까?

'죽다'도 행동으로 들어가요. 선택할 수 있는 행동이기 때문이죠. 반대인 live(살다)도 그래서 do 쪽.

→ Who will die?

기둥은 항상 제일 기본 문장인 평서문만 만들면, 나머지 스텝들은 저절로 쉬워집니다.

부정일 때는 세 번째 자리에 NOT을 넣으면 되고, 질문은 순서를 뒤집고, WH 질문은 뒤집은 질문 앞에 붙여 넣으면 되고, WH 주어 질문은 뒤집을 필요 없으니 그 자리에 WH가 들어가면 되는 거죠.

그러니 어떤 문장이든 만들기가 힘들 때는 무조건 같은 문장을 평서문으로 만들어보세요. 그러면 항상 답이 쉽게 나옵니다.

#누가 진술할까? (증언할까?)
testify [테스티*파이]

....Who will testify?

#저분(남)의 선택은 무엇일까요?
choice [초이스]

....What will be his choice?

#누가 제 제안을 받아들일 겁니까?
offer [오*퍼]=제안 / accept [억'셉트]

....Who will accept my offer?

#누가 날 도와줄 수 있어?
help

....Who can help me?

#대회에서 누가 이길까?
competition [컴프'티션] / win [윈]

....Who will win the competition?

#무슨 일이 일어날까?
happen [해픈]

....What will happen?

#미래에 무슨 일이 일어날까?
future [*퓨처]

....What will happen in the future?

#누가 대통령이 될까?
president [프*레지던트]

....Who will be the president?

#누가 시장이 될까?
mayor [메이여]

....Who will be the mayor?

#누가 다음 시장이 될까?
next mayor

....Who will be the next mayor?

간접의문문

WH 1
show me what you can

우주망원경의 발달로 길 너머가 아닌, 지구 밖 끝없이 먼 거리까지 눈으로 볼 수 있게 되었죠?
알고 보니 우리 태양계는 아주 작고 지구는 먼지 크기도 안 되었잖아요.

우리가 사는 태양계 안에서 다른 생김새로 튀는 행성인 **토성**
실제 사이즈를 비교하면 지구보다 엄청 크죠?
토성은 영어로?
(Hint: **토요일**이 영어로 뭐죠? Saturday)
토성은 Saturn [사턴]이에요.
그리스 신화의 크로노스와 동일시되는 로마 신화의 농업 신 Saturnus의 이름에서 따온 것이랍니
다. 우리말 토요일도 '흙 토' 자를 쓰죠? 사투르누스는 자신의 자식을 잡아먹은 신이기도 해요.

처음 나오는 Planet [플라넷] = 행성 스텝입니다. 행성은 크죠? 이 코스에서 Planet 스텝은 큰 것이
에요. 여러분은 이제 폼 나는 영어 레벨에 들어온 겁니다.
바로 들어갈 테니까 다음 문장을 영어로 바꿔보세요.

#넌 뭘 할 수 있어?

무슨 기둥이죠? '할 수 있다'니까 CAN 기둥.
그럼 CAN 기둥 구조에 맞춰서 말하면 되겠죠?
→ What can you do?

#나한테 보여줘!

무슨 기둥이죠? 명령 기둥.
→ Show me!

What can you do?

Show me!

한 단계 위로 올라가볼게요!
나한테 보여줘, 네가 뭘 할 수 있는지!
위의 두 문장이 섞인 거죠? 포인트는 보여달라는 거예요.
Show me~ 하고서 뒤에 WH 질문이 그대로 내려오면 되는데! 잠깐! 이번에 말하는 것은 질문이 아니네요. 그래서 뒤집은 순서를 다시 원상 복귀.
"넌 뭐 할 수 있어?"가 아니라, "넌 뭐 할 수 있는지"로.

What **can you** do?를
원상 복귀로 다시 뒤집으면
What **you can** do. 끝! 합쳐서
→ Show me what you can do.

나한테 **보여줘**, 네가 뭘 할 수 있는지!

우리말로 쓸 때는 **보여줘**가 맨 뒤로 가죠?
네가 뭘 할 수 있는지 나한테 보여줘!

이래서 영어의 두비를 항상 우리말 끝에서 찾으라고 하는 겁니다.

자! WH 질문을 지금까지 잘 만들었다면 다시 뒤집는 것을
연습하는 것도 어렵지 않겠죠?
그래서 기둥의 기본들을 확실히 말할 수 있게 하라는 겁니다.

이번 연습장에서는 예문 앞에 번호가 있습니다. 쉬운 문장들이 섞여서 더 긴 문장으로 가는 방식이니 헷갈리면 순서대로 문장 만든 것을 참고하면서 만들어보세요.

상황) 여기에 투자하면 돈을 벌 수 있다고 합니다.

#1. 내가 여기서 돈을 어떻게 만들 수 있지?

.... How can I make money here?

#2. 너 여기서 돈 만들 수 있어!

....You can make money here!

#3. 그럼 나한테 보여줘!

.... Then show me!

#4. 나한테 보여줘, 내가 여기서 돈을 어떻게 만들 수 있는지!

.... Show me how I can make money here!

How can I make money here?

↓ 그대로

Show me how I can make money here!

원상 복귀

#1. 우리가 어떻게 돈을 만들 수 있지?

.... How can we make money?

#2. 우리가 어떻게 돈을 만들 수 있는지 쟤네들한테 보여주지 마!

.... Don't show them how we can make money!

#1. 우리 어디에 주차할 수 있는 거지?

.... Where can we park?

#2. 물어봐!

.... Ask!

#3. 물어봐, 우리가 어디에 주차할 수 있는지!

.... Ask where we can park!

한 단계만 더 올라가볼까요? WH 질문은 WH Q만 있었던 것이 아니라 WH 주어도 있었죠?
아래 문장을 영어로 만들어보세요.

이 문제를 누가 해결할 수 있죠?

 Who

... can

... solve

... this problem

→ Who can solve this problem?

저희한테 말씀 좀 해주세요~

→ Please tell us~

누가 이 문제를 해결할 수 있는지!

WH 주어는 뒤집을 것 자체가 없었으니 여기도 그대로 들어갑니다. 자연스러운 거죠.

→ who can solve this problem!

뒤집을 것 자체가 없음

Who can solve this problem?

↓ **그대로**

Please tell us who can solve this problem!

저희한테 말씀 좀 해주세요. 누가 이 문제를 해결할 수 있는지!
우리에게는 아래와 같이 바꾸는 게 좀 더 자연스럽게 느껴지겠죠?
누가 이 문제를 해결할 수 있는지 저희한테 말씀 좀 해주세요.
구조로만 보면 우리말에서는 완전 반대처럼 보이죠? 하지만 영어 구조로는 계속 같습니다!

#이것 언제 끝내실 수 있나요?
→ When can you finish this?
#저희에게 말씀해주실 수 있나요?
→ Can you tell us?

#저희에게 말씀해주실 수 있나요, 이것을 언제 끝내실 수 있는지?
→ Can you tell us when you can finish this?
#저희에게 이거 언제 끝내실 수 있는지 말씀해주실 수 있나요?
→ Can you tell us when you can finish this?

When can you finish this?

↓

나머지는 그대로 내려오기

Can you tell us _____ **?**

뒤에 물음표가 들어가는 것은 앞이 Can you로 시작되는 질문이기 때문이에요!

다음 문장을 볼게요.

#저희에게 날짜를 말씀해주시겠어요?

Can you tell us ...

extra the date

→ Can you tell us the date?

같은 구조로 엑스트라 자리에 좀 더 길게 들어갈 수 있는 겁니다!

#저희에게 이거 언제 끝내실 수 있는지 말씀해주실 수 있나요?

Can you tell us

extra ... when you can finish this

→ Can you tell us when you can finish this?

엑스트라 자리에 좀 더 길게 들어가는 것뿐이죠. 이것은 WH 1 [원]이라고 부를 겁니다.

어려운 것이 아닙니다. 연습하면 다 되니 연습장에서 다시 만들어보세요.

#1. 내게 보여줘!

.... Show me!

#2. 네가 뭘 할 수 있는지 내게 보여줘!

.... Show me what you can do!

#1. 나한테 말하지 마.

.... Don't tell me.

#2. 네가 뭘 못 하는지 나한테 말하지 마.

.... Don't tell me what you can't do.

#3. 네가 뭘 못 하는지 나한테 말하지 말고.
네가 뭘 할 수 있는지 말해봐.

Don't tell me what you can't do.
.... Tell me what you can do.

#4. 네가 뭘 할 수 있는지 말하지 말고. 네가
뭘 할 건지 말해봐.

Don't tell me what you can do.
.... Tell me what you will do.

#1. 넌 선생님이 될 수 있니?

.... Can you be a teacher?

#2. 넌 뭐가 될 수 있니?

.... What can you be?

#3. 네가 뭐가 될 수 있는지 내게 보여줘!

.... Show me what you can be!

#1. 언제 올 수 있어?

....When can you come?

#2. 내게 말해줄 수 있어?

....Can you tell me?

#3. 언제 올 수 있는지 내게 말해줄 수 있어?

....Can you tell me when you can come?

#1. 남자가 좀 돼라.

....Be a man.

#2. 네가 될 수 있는 게 돼라.

....Be what you can be.

#1. 난 이해를 할 수가 없어.

....I can't understand.

#2. 쟤(남)가 어떻게 돈을 벌 수 있어?

....How can he make money?

#3. 난 쟤(남)가 어떻게 돈을 벌 수 있는지
이해를 할 수가 없어.

I can't understand how
....he can make money.

> 이번 행성은 여기까지!
> WH 1은 코스가 진행되면서 다른 기둥들과 합쳐져 계속 나올 겁니다.
> 기둥이 진행될수록 만들어낼 수 있는 말들이 훨씬 더 많아질 거예요.
> 그럼 단어만 바꿔서 계속 더 연습해보세요!

3¹⁸

편지 봉투를 보면, '받는 사람'이라고 쓰인 곳에, 'To'라고 적혀 있죠.
그 to가 바로 껌딱지인 전치사입니다. 껌딱지를 붙여줌으로써
방향이 어느 쪽으로 가는지 보여주는 거죠.

어디론가 향한다는 **방향의 느낌이** 있는 **to**
같이 만들어보죠.

#너 학교 갈 거야?

배운 기둥이 지금까지 3개!

"가!" 하는 명령도 아니고, "갈 수 있냐?" 하는 CAN도 아니고, 갈 거냐 말거냐 묻는 거니까 미래 기둥 WILL을 사용하면 되겠죠? 그럼 간단하게 볼게요.

#나 갈 거야.	→ I / will / go.
#너 갈 거야.	→ You / will / go.
#너 갈 거야?	→ Will / you / go?

이제 껌딱지를 붙여보죠. 가긴 가는데, 학교 갈 거냐고 묻는 것이니

방향 껌딱지를 붙여서 → to school

#너 학교 갈 거야? → Will you go to school?

배운 기둥 안에서 만들어보세요. 기둥 구조 순서대로! 기둥만 찾으면 돼요.
문장을 좀 더 길게 늘려볼게요.

#너 남아공에서 학교 갈 거야?

Will you go to school~ 어디서?

남아공은 남아프리카공화국을 말하죠. 껌딱지는? → in South Africa

그 학교가 국가 안에 있으니 in 껌딱지죠!

→ Will you go to school in South Africa?

남아공도 영어가 주 언어입니다.

한 번 더 만들어보세요.

#아니, 난 싱가포르 가려고.

No, I will go~

또 국가라고 다 in 붙이지 마세요. 남아공 안에 있는 학교에 갈 거냐 했더니, 그냥 싱가포르에 간다
죠? 방향 껌딱지만 붙여주면 간단히 메시지가 전달됩니다. → to Singapore

싱가포르도 영어를 씁니다.

이제 연습장에서 shifting으로 다른 껌딱지들과 같이 돌릴 테니 느낌 기억하면서 어울릴 것 같은 껌
딱지를 골라서 만들어보세요.

#저분들이 우리한테 돈을 빌려주실 거야.
money [머니] / lend [렌드]=빌려주다

....They will lend the money to us.

상황) 아내가 사람들하고 잘 지내보라고 합니다.
#알았어. 내가 사람들한테 잘할게.
people / nice

.... Okay. I will be nice to people.

#우리 이번 여름에 파리 갈 거다.

....We will go to Paris this summer.

#그것들은 가지고 가지 마. 자선단체로 갈 거야.
charity [차*리티]=자선단체

.... Don't take those. They will go to charity.

#와! 나한테 와봐!

....Come! Come to me!

#걔(남) 파티에 가지 마!
party / go

.... Don't go to his party!

#내 직장 동료들에게 너 소개해줄게. 이리 와봐. 어서!
co-worker [코~*월커]=직장 동료 / introduce [인터'듀~스]=소개하다

                                    I will introduce you to my co-workers.
.... Come here. Come on!

#언제 이 소식을 재(여)한테 말해줄 거야?
news [뉴스]

.... When will you tell this news to her?

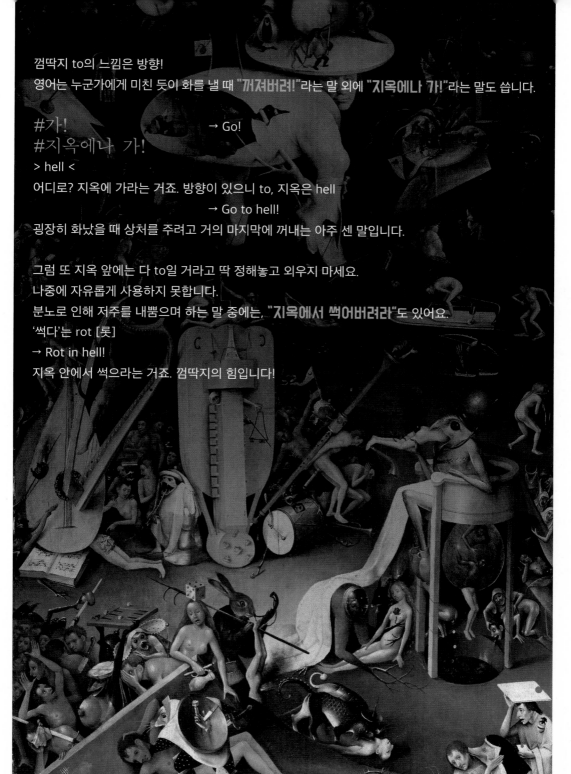

껌딱지 to의 느낌은 방향!
영어는 누군가에게 미친 듯이 화를 낼 때 **"꺼져버려!"**라는 말 외에 **"지옥에나 가!"**라는 말도 씁니다.

가!   → Go!
지옥에나 가!
> hell <
어디로? 지옥에 가라는 거죠. 방향이 있으니 to, 지옥은 hell
                           → Go to hell!
굉장히 화났을 때 상처를 주려고 거의 마지막에 꺼내는 아주 센 말입니다.

그럼 또 지옥 앞에는 다 to일 거라고 딱 정해놓고 외우지 마세요.
나중에 자유롭게 사용하지 못합니다.
분노로 인해 저주를 내뿜으며 하는 말 중에는, **"지옥에서 썩어버려라"**도 있어요.
'썩다'는 rot [롯]
→ Rot in hell!
지옥 안에서 썩으라는 거죠. 껌딱지의 힘입니다!

3¹⁹

3 / 4형식

give me

학교에서 중요시 여기는 스텝입니다.
다음 문장을 영어로 바꿔보세요.

#영어를 가르쳐라!   → Teach English!
누구에게?
#아이들에게   → to kids / to children
나 말고 그들에게. 방향이 필요하니 방향 껌딱지를 붙여요. 다시 한번!
#영어를 가르치세요, 아이들에게.   → Teach English to kids!
여기까지는 아시겠죠? 그럼 이건요?

#아이들을 가르쳐라!   → Teach kids!
뭘 가르칠까요?
#영어   → English
봐도 껌딱지 굳이 필요 없죠.
#아이들에게 가르쳐라, 영어를!   → Teach kids English!

[TO] HIM

우리말을 보세요.

영어를 아이들에게 가르쳐라.

아이들에게 영어를 가르쳐라.

순서는 다르지만, 메시지 전달은 같죠?

영어도 마찬가지입니다. 대신 "Teach English to them"은 껌딱지 to가 필요하니 붙는 거고요,
"Teach them English"는 불필요하니 붙지 않는 겁니다.

둘 다 같은 말이에요. 뭐가 더 낫거나 좋거나 하지 않습니다. 사람이 말하다 보면 무슨 말이 먼저 나
올지 모르잖아요. 입에서 나오는 순서에 따라 자연스럽게 뒤에 엑스트라를 붙이면서 껌딱지로 연
결해야 하는 곳에선 거기에 맞는 껌딱지로 연결하고, 필요 없으면 안 붙인 것뿐입니다.

> 그런데 이걸 두고
> 'Teach English to them'은 4형식 문장이고
> 'Teach them English'는 3형식 문장이고
> 하면서 중학생들에게 외우게 합니다.
>
> 3형식(주어+동사+목적어)
> 4형식(주어+동사+간접목적어+직접목적어)

갑자기 복잡해 보이죠? 문제는 이 설명은 정작 이런 문장들을 자유자재로 사용하는 데 도움을 주지
않는다는 거예요. 예문으로 많이 접해서 자동으로 튀어나오게 하는 것이 가장 좋은 방법입니다.
꾸준한 반복으로 몸이 자연스레 안무를 기억하는 것처럼요. 그럼 같이 연습해보죠.

상황) 아기와 같이 있습니다.

#아기 줘, 나한테.
→ Give the baby to me.

#네 형한테 줘.

상황) 마음을 바꿔 네 형한테 주라고 하려면.
#네 형한테 줘.
→ Give your brother.
뭘 주라는 거예요? **아기**를 주라는 거죠.
껌딱지 필요 없죠? 그냥 the baby를 넣어요.

#네 형한테 아기 줘.
→ Give your brother the baby.

#줘!
→ Give!
다시 반복하는 것이니 줄여도 되죠.

#아기 주라고!
→ Give the baby!

#네 형한테.
형한테로 방향 껌딱지를 붙여서 to your
brother.
→ Give the baby to your brother!

#내놔!   → Give me!
#내놔 그거!   → Give me that!

#그거 줘!   → Give that!
#그거 줘 나한테!   → Give that to me!

간단하죠. 그럼 아래 문장을 이미지로 상상하면서 비교해보세요. 뭐가 다른지 설명해보세요.

Give me to him! VS. Give me him!

1. Give me to him!은 나를 주라는 거죠, 쟤한테.
2. Give me him!은 나한테 내놓으라는 거죠, 쟤를.

1번 문장은 상황이 이상하게 느껴지죠? 나를 주라니? 내가 물건이야?
별 차이 없는 문장 같은데도 전달되는 이미지가 전혀 다르죠?

단어를 보면 '밥을 먹다, 공부하다'는 혼자 하는 건데 '주다, 건네주다, 보내다' 등은 누군가와
연결되어 벌어지는 행동들이죠? 이런 표현들은 방향 껌딱지가 자주 필요할 수 있겠죠.

#1. 나한테 보내.
send [센드]

.... Send me.

#2. 나한테 네 아들 보내.
son

.... Send me your son. / Send your son to me.

#1. 네 애들 보내, 너희 엄마한테.

.... Send your kids to your mother.

#2. 나한테 말고, 너희 엄마한테.

.... Not to me, but to your mother.

#3. 네 애들은 나한테 말고, 너희 엄마한테 보내.

.... Send your kids, not to me, but to your mother.

#1. 엽서 보내, 너희 선생님한테.
postcard

.... Send a postcard to your teacher.

#2. 너희 선생님한테 보내, 엽서.

.... Send your teacher a postcard.

> 3형식 4형식 모른다고 해도 정작 영어 문장들은 쉽죠?
> 이번 예문들은 다 to 껍딱지가 잘 붙으니 상황을 상상하며
> 반복해서 만들어보세요. 그냥 읽지 말고 이미지로 상상하면서
> 말하면 응용할 수 있는 실력이 더 빨리 늡니다.

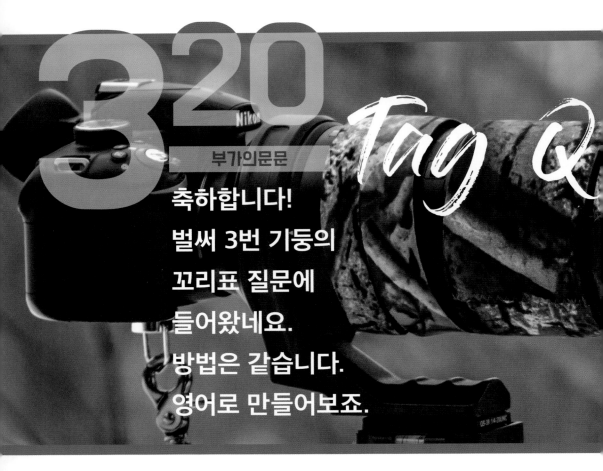

320 Tag Q

부가의문문

축하합니다!
벌써 3번 기둥의
꼬리표 질문에
들어왔네요.
방법은 같습니다.
영어로 만들어보죠.

#계속 진행하실 거죠, 그렇죠?

You
will~

'진행하다'는 행동이니 단어만
말하면 되죠.
'진행하다. 계속하다'는 뜻의
→ continue [컨'티뉴~]

→ You will continue, 그렇죠?

확인을 받으려면 You will로 시작했으니, 반대로 뒤집으면 끝. → won't you?

#계속 진행하실 거죠, 그렇죠?

→ You will continue, won't you?

복잡하면 그냥 "right?" 혹은 "yes?"라고 붙여도 됩니다.

하지만 영어 시험에는 헷갈릴 수 있는 Tag Question들이 잘 나오니까 어차피 할 것 꼬리표 질문은
뒤집는 것으로 연습해요. 하나만 더 같이 만들어보고 연습장 가죠.

#옆은 영어로 → side [사이드]
#자동차의 옆 거울은 → side mirror
#내 옆은 → my side

#너 내 편에 있을 거지, 그렇지?

You will be my side, 하고 그냥 붙이면 네가 내 옆구리가 된다는 거예요.

그래서 껌딱지가 하나 필요합니다. 뭘 것 같아요?

옆, 편이라는 것은 나와 붙어 있는 거죠. 표면에 닿는 껌딱지는? → on my side!

→ You will be on my side, won't you?

이미 CAN 기둥에서 해봐서
구조는 낯설지 않죠?
그럼 이제 연습장에서 직접 해보세요.

#우리 쟤(남) 도와줄 거지?

help

....We will help him, right?

#이 얼룩 지울 수 있죠, 맞죠?

stain [스테인]=지우기 힘든 얼룩 / erase [이'*레이즈]=지우다

....You can erase this stain, right?

#너 계약서에 사인 안 할 거지, 그렇지?

contract [컨트*락트] / sign [싸인]

....You won't sign the contract, will you?

우리 지금 기둥 3개 배웠죠?

이 WILL 기둥의 꼬리표 질문은 다른 기둥에서도 또 쓰인답니다.

바로 명령 기둥! 왜? 영어는 상식적이에요.

보세요. 명령 기둥은 상대에게 자신이 말한 대로 하라는 거죠.

하라는 대로 해! 그리고 다시 한번 확인으로 꼬리표 질문을 단다면?

말한 대로 할 건지 질문하겠죠? 아직 안 했으니, 미래 질문이잖아요.

지금 당장 하고 있는 것은 아니고, "그렇게 해줄래? 그렇게 할 거야?" 하는 질문이니 미래 기둥인

거죠. 그래서 명령 기둥으로 말하고 미래 기둥으로 꼬리표를 달 수 있는 겁니다. 이유가 타당하죠?

이래서 외우지 말고 이해하면 적응하기가 편해요.

명령일 땐 항상 상대에게 내가 말한 대로 하라는 것이니, 무조건 꼬리표 질문은

. will you?

하고 묻게 됩니다.

하지 말라고 할 때도 마찬가지예요. 자신이 말한 대로 '하지 말라는 것이니' "하지 마, 그래줄래?" 식

의 will you?를 붙여요.

기둥들로 영어를 보면 영어의 큰 틀이 합리적으로 이해됩니다.

#멈춰봐! 좀 그래줄래?
→ Stop, will you?
실제로는 좀 더 다양하게 말하죠.
멈춰라, 좀!! 이렇게도 말하고요.
그래도 영어는 다 → Stop, will you?

#내 책상 위에 좀 앉지 말아
줄래, 응?
→ Do not sit on my desk, will
you?
"응?"이란 말도 우리 잘 쓰죠. 다양한 우리말
에 헷갈려 하지 말고 메시지 전달을 생각하며
계속 만들어보세요.

#저 좀 도와줘요, 네?
→ Help me, will you?
#이것 좀 기억해라, 엉?
→ Remember this, will you?
마찬가지로 그냥 "Yeah?" 아니면 "Yes?"라고
다시 물어봐도 됩니다.

#고집 좀 부리지 마라, 어?
> '고집 부리다'는 stubborn [스터본] <
→ Don't be stubborn, yeah?

꼬리표 질문은 시간이 걸립니다. 부담 없이 접
한다 생각하고 연극하듯 연습해보세요.

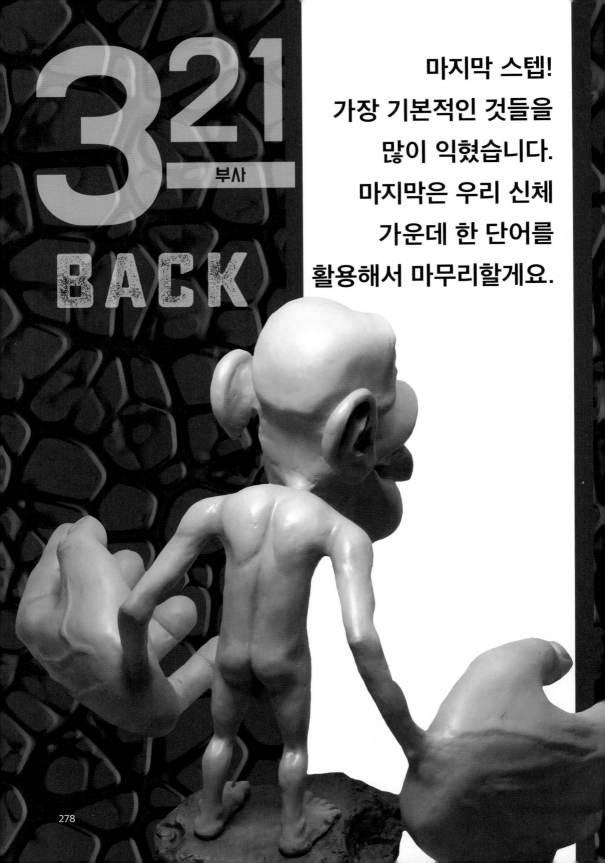

3 21
부사
BACK

마지막 스텝!
가장 기본적인 것들을
많이 익혔습니다.
마지막은 우리 신체
가운데 한 단어를
활용해서 마무리할게요.

우리 신체에서 #등은 영어로? → back [백]

#내 등 좀 밀어줘, 어?

> '문질러 씻다'는 영어로 scrub [스크*럽] <

→ Scrub my back, will you?

아니면 좀 더 배려해서 CAN 기둥으로 질문할 수도 있어요.

#내 등 좀 밀어줄 수 있어?

→ Can you scrub my back, please?

서양은 때를 안 밀지 않느냐고요? 죽기 전에 꼭 해야 할 일 중 하나로 한국의 때 밀기, Korean scrub을 꼽는 사람들이 상당히 많아졌습니다.

영어는 단어를 재사용하는 것을 좋아하죠? 단어의 위치에 따라 뜻이 바뀌고요. 우리가 상상 못 할 정도로 영어에서는 이런 일이 자주 일어납니다.
"Scrub my back, will you?"에서 back은 기둥 뒤에 들어간 것으로 '등'입니다.
그럼 하나 더 가볼게요.

'컴퓨터 파일을 백업하라'는 말 들어보셨나요? 컴퓨터 안에 있는 파일들이 사라질 수 있으니, 이런 일을 대비해 다른 곳에 복사해서 저장해놓는 것을 '백업한다'고 합니다.
영어로는 back up, '백업하다, 대비해놓다'라는 뜻이죠. 상황을 대비해 뒤에서 받쳐주고 있는 거예요.

#네 파일 백업해!

→ Back up your files!

하나 더 해볼까요? 번역해보세요!

#Back up your brother!

무슨 뜻일까요? 네 형을 백업해? 어떻게 될까 봐 형을 하나 더 대비해놓으라고요?
이 말은 네 형이 불안하니, 형의 편이 되어주라는 뜻입니다.
이미지로 그리면 등 뒤를 받쳐주는 거죠. 혼자 감당 못 하는 것처럼 보일 때, 이렇게 말합니다.
네 형 편 좀 들어줘! → Back up your brother!
그래서 경찰이 사건 현장에서 요원이 더 필요해지면 '백업!'이라 말한답니다!

back은 이렇게 뒤를 가지고 뭘 한다는 거죠. 이 한 단어가 어디 까지 재활용되는지 구경해볼까요? 영어라는 언어에 대해 감이 더 잡힐 겁니다.

상황) 한 남자가 여자를 부릅니다.
#나한테 와!
→ Come to me!
그래서 왔는데 둘이 잘 지내다 여자가 떠나버려요.
#돌아와!
시간을 뒤로 돌리거나, '원래대로'라는 뜻을 쓸 때 back이란 단어를 사용합니다.
Come 하는데 back, 되돌려 원래대로 오라는 거죠.
되돌려! 돌아와!　　　　→ Come back!

#나에게로 돌아와!
Come back 하고 방향 껌딱지 붙여서 to me!
→ Come back to me!

다른 상황) 누군가 다른 사람에게 소리를 지르고 있어요.
#야! 소리 지르지 마!
→ Hey! Don't shout!
#쟤(남)한테 소리 지르지 마!
Don't shout~ 쟤한테 지르지 말라는 거니 방향 같지만 누군가에게 화가 나서 소리를 지를 때는 방향이 아닌 정확한 포인트 껌딱지를 사용합니다. 뭐죠? at!
→ Don't shout at him!
그런데 상대방도 당하지 않고 다시 돌려주네요. 같이 소리를 지르고 있어요.
이 상황은 간단하게 back으로 표현이 가능해요. 'shout back!' 을 하고 있는 거죠.
누군가 shout를 해서 그것을 되돌려주는 행동이 'shout back' 인 거예요.

#쟤한테 다시 소리 지르지 마!
→ Don't shout back at him!
back이라는 단어를 보면, 누가 먼저 시작했는지 알 수 있는 거죠.

그럼 이건 뭘까요?

Be back!

다시 원래 있던 상태로 되돌아오라는 겁니다.

I will be back.

영화 〈터미네이터〉에 나오는 유명한 대사인데요. 직역하면,

"내가 돌아올게. 원래 있던 곳으로 다시 올게."

의역하면,

"다시 돌아오겠소."

영화 〈터미네이터〉의 주인공 아널드 슈워제네거는 미국 캘리포니아 주지사를 지낸 오스트리아인입니다. 오스트리아는 유럽에 있습니다. 독일 옆에 있는 나라로 모차르트가 이 나라 출신이죠.

〈터미네이터〉는 제임스 캐머런 감독의 작품으로, 그는 〈타이타닉〉, 〈아바타〉 등 스케일이 큰 영화를 만드는 감독으로 유명합니다.

제임스 캐머런은 캐나다 출신으로 그의 조상은 스코틀랜드인이었다고 합니다. 스코틀랜드는 영국의 위쪽에 있습니다.

이것만 봐도 할리우드 영화에 다 미국인들만 참여하는 게 아니죠? 오드리 헵번은 영국인이었고, 〈타이타닉〉의 여주인공도 영국인입니다.

영어를 배울 때나 서양을 대할 때 좀 더 크게 보면 다들 연결되어 있다는 것을 알 수 있습니다. 그만큼 **다양성**이 섞이는 거죠.

남의 가족을 지켜보면서 우리 가족이 뭐가 다른지 알게 되는 것처럼 외국에 대해 알다 보면 우리 한국을 더 잘 알게 됩니다. 그러면 우리나라만의 좋은 점을 발견하고 어떻게 하면 더 나아질 수 있는지도 알 수 있을 겁니다.

다시 하던 이야기로 돌아와서!

이 말은 영어로?   → Back to the story!

이곳저곳에서 back이 쓰이죠?

계속 반복될 테니 편안하게 접하세요.

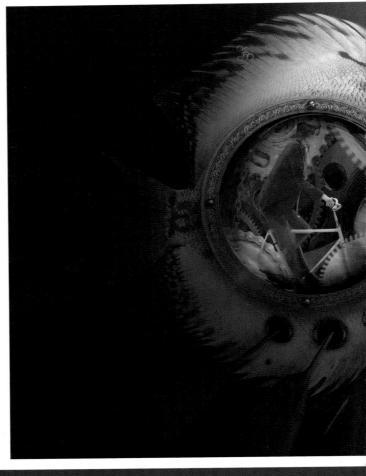

이제 WILL 기둥의 레슨은 이것으로 끝입니다!
수고하셨습니다.
WILL 기둥을 배우면서 기둥 스텝들, 질문하고, 뒤집고 WH 만드는 것이 좀
더 수월해지셨을 테고, WH 1까지 한 레벨 더 올라갔죠?
계속 예문으로 연습할 수 있을 겁니다.

WILL 기둥으로도 말을 만들 줄 알게 되었는데요.
기둥들을 계속 왔다 갔다 하면서 속도를 올릴 수 있게끔 예문들이
제공될 겁니다. 스텝을 밟을수록 말하는 속도 또한 올라갈 거고요.
이제 기초 스텝들을 많이 익혔으니 본격적인 게임에 들어갑니다.

4번 기둥은 투명 망토도 나오고 존재에 대해 말해볼 거예요.
재미있을 겁니다!

지름길을 선택한 이들을 위한 아이콘 요약서

- 문법 용어를 아는 것은 중요치 않습니다. 하지만 문법의 기능을 아는 것은 중요합니다. 이것은 외국어를 20개 하는 이들이 다들 추천하는 방식입니다. 문법을 이렇게 기능적인 도구로 바라보는 순간 영어는 다른 차원으로 쉬워지고 자신의 말을 만드는 것은 퀴즈처럼 재미있어집니다.

- 아래의 아이콘들은 영어의 모든 문법 기능들을 형상화한 것으로 여러분이 영어를 배우는 데 있어서 엄청나게 쉬워질 것입니다.

영어의 모든 문법 기능을 형상화한 아이콘

 우리말은 주어가 카멜레온처럼 잘 숨지만 영어는 주어가 있어야 하는 구조. 항상 찾아내야 하는 카멜레온.

 단어든 문장이든 연결해줄 때 사용하는 연결끈.

 스텝에서 부정문, 질문 등 다양한 구조를 접하게 되는 기둥.

 여기저기 껌딱지처럼 붙으며 뜻을 분명히 하는 기능. 힘이 세지는 않아 기둥 문장에는 못 붙음.

 문장에 필요한 '동사'. 영어는 동사가 두-비. 2개로 정확히 나뉘므로 직접 골라낼 줄 알아야 함.

 위치가 정해져 있지 않고 여기저기 움직이며 말을 꾸며주는 날치 아이콘.

 중요한 것은 기둥. 그 외에는 다 엑스트라여서 뒤에 붙이기만 하면 된다는 것을 상기시켜주는 아이콘.

 날치 중 어떤 부분을 강조하고자 할 때 보이는 스포트라이트.

Map에 추가로 표기된 아이콘의 의미

 영어를 하려면 가장 기본으로 알아야 하는 스텝.

 알면 더 도움이 되는 것.

 주요 단어들인데 학생들이 헷갈려 하는 것들.

 반복이 필요한 훈련 스텝.

- 문법이란 문장을 만들기 위해 올바른 위치에 단어들을 배열하는 방법으로 영어는 그 방법이 심플하고 엘레강트합니다. 각각의 문법 기능을 가장 쉽게 설명하는 것이 다음 아이콘들입니다. 문법에는 끝이 없다고 생각했겠지만 기둥 이외에 문법은 총 10개밖에 없으며 이것으로 어렵고 복잡한 영어까지 다 할 수 있습니다.

- 복잡하고 끝없던 문법 용어들은 이제 다 버리세요. 여러분이 원하는 것은 영어를 하는 것 이지 복잡한 한국어 문법 용법들을 알려는 것이 아니니까요.

연결끈같이 보이지만, 쉽게 매듭 이 풀려 기둥 앞에 배경처럼 갈 수 있는 리본.

타임라인에서 한 발자국 더 앞으로 가는 TO 다리.

리본이 풀려 기둥 문장 앞에 깔리 며 배경 같은 역할을 할 때 보이 는 카펫.

열차마다 연결고리가 있고 고리끼 리 서로 연결되면서 전체적으로 긴 열차가 됨을 나타내는 아이콘.

어려운 문법처럼 보이지만, 기둥 구조를 익히고 나면 굉장히 간단해 지는 기능.

단어 뒤에 붙어 전달되는 의미를 변화시키는 ly.

껌딱지같이 간단하게 붙이기만 하 면 되지만 껌딱지와 달리 무거운 기둥 문장을 붙일 수 있는 THAT.

기둥끼리 엮일 때 보여주는 아이 콘.

두비에 붙어 두비의 기능을 바꿔 주는 [잉].

구조를 분석하는 것보다 그냥 통째로 연습하는 것이 더 간 단한 스텝.

실제 영어 대화에서 많이 쓰이지만 국내에서 잘 안 접했던 말.

전에 배운 Planet 스텝을 이후에 배운 새로운 기둥 등에 적용시켜 Planet을 크게 복습하는 스텝.

기둥 이외의 큰 문법 구조. 집중해야 함.

영어공부를 재발명하는 최파비아 기둥영어 (전9권)

쉽다! 단순하다! 효과는 놀랍다!
기둥 구조로 영어를 바라보는 순간
영어가 상상 이상으로 쉬워진다.
아무리 복잡한 영어라도 19개의 기둥으로 배우면
영어를 완전정복할 수 있다.
하루에 한 스텝씩!

영어의 전 과정을 커버하는
《최파비아의 기둥영어》 전9권

+ 영어학습을 도와주는 맵과 가리개
+ paviaenglish.com – 무료 리스닝 파일과
　　　　　 섀도잉 연습